漫畫科學先修班❾

MW01711081

科學實驗王

9 天氣與氣候

文・Gomdori co.
圖・Hong Jong-Hyun

suncolor 三采文化

科學加油站

善觀天象 未雨綢繆

當一堆人淋成落湯雞時，為何江士元與范小宇卻能準確預測陣雨即將發生？其實自然界中有許多現象都與天氣變化有關，譬如有句英文諺語：「If the bees stay at home, rain will soon come; If they fly away, fine will be the day.」這句話確有可資參考之處。至於身居城市的小朋友們，則可從觀察天空開始，因為雲層提供了精確的天氣狀況，如果懂得如何觀察，小朋友也能成為氣象達人！

本書中的金頭腦實驗室先從製作氣象觀測儀器～濕度計開始，小朋友或許有過這樣的經驗，當使用玻璃紙來裱褙圖畫時，如果在裱好的玻璃紙上噴上霧氣，玻璃紙就馬上會皺縮。但是等玻璃紙風乾後，這時表面反而會繃緊而變得非常的平整漂亮。這是因為玻璃紙有著類似於頭髮的多孔材質，當濕氣填滿這些毛細孔時會造成玻璃紙的膨脹，反之在乾燥後它則會收縮。本書在製作濕度計時特別使用了有別於傳統毛髮的玻璃紙來製作，您說這是不是很有創意呢？

書中另外還介紹了大氣壓力、晶核生成與晶體生長、百葉箱、熱的傳播方式、人造雲、海陸風效應與季節風、簡易溫度計的製作、鋒面系統、氣候分類…。在精采的故事內容中蘊含著豐富的氣象科學知識，能幫助小朋友學會使用儀器測量來觀察天氣。從記錄溫度、濕度、氣壓、降雨量、風向以及風速等各項數據，來探索變化萬千的氣象資訊。

爸爸媽媽不妨參考下列的網址，協助小朋友來共同製作簡易的風向計、風速計、雨量計、氣壓計，並選擇居家附近的一處場所，與孩子一起觀察測量並記錄每日的氣象數值，然後與氣象台資訊作比較。因著這份動手做的樂趣，不僅可以增進親子們的互動，小朋友更能從中學習到發現、探索與解決問題的能力。

參考網址
http://www.balloon.com.tw/weather.htm

鄭永銘

目錄

賀！黎明國小晉級全國大賽

人物介紹

范小宇

所屬單位：黎明國小實驗社

觀察內容：

· 以在實驗社累積的科學知識為基礎，夢想未來能夠成為一位百萬富翁。
· 終於領悟與其和艾力克爭執不休、不懂裝懂，不如勇於向他承認自己的無知。
· 雖然在全國大賽與同學們共同陷入危機，但始終表現出臨危不亂的態度。

觀察結果：透過嘗試與日常生活有關的各類實驗，在不知不覺中累積豐富的科學知識與實驗能力。

江士元

所屬單位：黎明國小實驗社

觀察內容：

· 憑著豐富的科學知識懂得預測天氣，遇到突如其來的陣雨也臨危不亂。
· 即便具備優異的實力，但依舊以戰戰兢兢的態度做好萬全的準備，以便迎戰全國大賽的其他勁敵。
· 當黎明國小面臨被撤銷參賽資格的危機時，對於本身與實驗社的名譽受辱而感到憤怒。

觀察結果：從用盡各種方法立志解決問題的小宇身上，不知不覺中獲得許多實驗的靈感。

羅心怡

所屬單位：黎明國小實驗社

觀察內容：

· 在上學途中遇到一場雷陣雨時，及時得到士元的幫忙而感到無比的幸福。
· 欣然接受瑞娜親自送來的全國大賽出賽賀禮。
· 在比任何人更努力準備的全國大賽第一場比賽中，捲入意外的突發事件中。

觀察結果：總是會站在他人的立場去思考並體諒他人，卻也因而讓黎明國小陷入危機。

何聰明

所屬單位：黎明國小實驗社

觀察內容：

- 雖然已經知道小倩喜歡的對象並非自己，但並未因此而改變對小倩的心意。
- 為了這輩子的第一封告白信，落得把自己的資訊和金錢拱手讓給朋友裴宥莉。
- 在第一場對決前，徹底調查全國大賽和參賽隊伍的所有情報。

觀察結果：陷入危機時，以客觀的思考模式判斷狀況，並試著解決問題，不愧是資訊蒐集和彙整的達人。

艾力克

所屬單位：科學實驗補習班

觀察內容：

- 內心渴望柯有學老師能夠和自己一起回去英國。
- 雖然無法忘記老師離開自己時所傳授的最後一堂課，但始終無法理解其真正意涵。
- 決定加入晉級全國大賽的他校實驗社。

觀察結果：雖然嘴巴說離開柯有學老師去尋找自己的路，但想要成為老師唯一得意門生的心意卻未曾改變。

鄭安迪

所屬單位：大海國小實驗社

觀察內容：

- 代表大海國小實驗社連續3屆出賽全國大賽的王牌，擁有絕佳的實驗執行力與社交能力。
- 即便在實驗失敗的狀況下，依然能夠保持鎮定，同時懂得以最大的努力試著去解決問題。

觀察結果：對於在全國實驗大賽中無法與黎明國小分出完美的勝負而感到遺憾。

❶ ❷ ❸ ❹

其他登場人物

❶始終如一的信任並鼓勵學生的黎明國小實驗社指導老師，柯有學。

❷非常喜歡實驗社的小宇，但對實驗術語和科學常識一竅不通的跆拳少女林小倩。

❸對於何聰明依舊向小倩表達單純愛意而深受感動的跆拳道社隊長。

❹全國大賽舉行在即，卻突然送心怡一個道歉禮的江瑞娜。

瘋狂出清
雨傘200元

第一部 突然的陣雨

您放心，
我會聽老爸的吩咐
回去德國的。
不過您得答應我一件事。
是有關這次全國實驗大賽
的事情…
好的，爸爸。

咀嚼
咀嚼
好吃嗎？多吃一點。
下禮拜就要參加全國大賽了，我看得出來同學們都非常的緊張。你要記得為我們加油哦！
咀嚼
咀嚼
站立
哇啊，謝謝你！
你真是一隻有靈性的兔子，我真的很開心把你帶回來！

我好希望…
他們兩人
也能夠和好…
啊！
滴答
哎呀！怎麼會
突然下雨呢？
刷
啊
啊
啊
啊，
對了！
吃力
我幫你
遮起來。
刷啊啊啊
啊！
躂躂躂
呃！

好喘。
躂躂躂
呼～
還好附近
有一個百葉箱可以
讓我躲雨。
刷啊啊
啊，竟然有人知道
今天會下雨。
吃驚

士…
起身
撞
啊！
倒地
……
刷啊啊啊
我的天啊！
好糗哦！
妳在那裡
做什麼？
我正在躲雨…
妳要一起撐嗎？
開心!!
真…真的嗎？
你是說真的嗎？
點頭

啊啊，我竟然
和士元一起撐著傘…。
希望這不是一場夢境！
可惡！她竟然和
士元一起撐傘？
哼！
刷啊
呃…
蹚蹚蹚
別擔心，這只是一場陣雨，
很快就會停了。
可能是雨下得
太突然了，大家
都沒有帶傘。
這樣一直淋雨，
他們一定會感冒的…
真希望這只是
一場陣雨。

嘟嚕嚕嚕…
是陣雨沒有錯，妳看看那些雲。
雲？
刷啊啊啊
對，看雲的形態就可以知道了。
若呈暗灰色又幾乎覆蓋整個天空，會使天空長時間降雨的低雲，
稱為雨層雲。
雨層雲（低雲）
啊！但現在的雲並沒有覆蓋整個天空，而是呈垂直聳立的形狀。
積雨雲（直展雲）
刷啊啊啊
所以那是積雨雲，底層離地面較近、顏色暗黑，但在垂直方向卻伸展極高，屬於直展雲。
當積雨雲已臨天頂時，即將有陣雨發生。

滴滴滴
好神奇哦！
光看雲就能夠知道當天的天氣！
何止今天，更可以預測明天的天氣狀況呢！
因為每一種雲生成的條件各不相同。
嗯？
雲不就是藉由太陽熱能蒸發的水蒸氣升空後聚集的嗎？難道還有其他的原因？
雲
太陽熱能
水蒸氣
就如妳說的，雲的確是藉由上升氣流而生成，但除了太陽熱能外，也會受到地形、氣壓、濕度及空氣的流動所影響。
空氣沿著山坡攀升時。
山
雲
海
地面或海面的空氣受熱而攀升時。
積雨雲
當冷空氣推擠熱空氣而使熱空氣攀升時。
雲的各種生成原因
雨層雲
當熱空氣沿著冷空氣往上攀升時。
隨著各種氣象條件不同，雲的形狀也會隨之改變，
所以仔細觀察雲的形狀，我們便能夠預測隔天的天氣狀況。
舉例來說，當天空飄著積雲或卷積雲減少時，隔天的天氣便會晴朗。
積雲
卷積雲
晴朗
註：卷積雲量增加，隔天會下雨。
而飄著卷層雲或卷雲增加時，幾天內降雨的機率便會很高。
卷雲
卷層雲
降雨
註：卷雲量減少，隔天多為晴天。
哇，你好了不起哦！

啊！
驚嚇
冒出
什麼，
你們兩個竟然
一起撐傘啊？
小宇！我們只是
…是…是我沒有
帶雨傘出門。
……
我們是途中
偶遇的，而
士元他好意…
發抖
氣得
我…
我們？
妳有沒
搞錯？
雨下得這麼
大，怎麼可以
兩個人撐一把
傘呢？
只要200元
只要200元！
不，因為是妳，
只要150元就好。
如果不想
淋雨，就得
一人撐一支
雨傘嘛！
我比較喜歡
一起撐傘呢…
遞
只要200元

是嫌150元太貴嗎？
那幫妳打個折！
喂，你那些雨傘是要賣的嗎？
氣呼呼
當然囉！一支只要200元哦！
變臉！
我也要！
嘿嘿嘿嘿
來來來，你們這群沒有雨傘又可憐的同學們！要買要排隊哦！
200元
趕快給我！
我也要！
剩下最後一把囉！
給我，給我！
賣給我！
售完
沙

哇哈哈！
我超喜歡下雨天，
真是有夠好賺的啦！
哇哈哈哈
鏗鏘
作響
售完
你是怎麼辦到的？
難道你也早就知道今天
會下雨嗎？
你也是觀察雲
得知的嗎？
啊？雲？
我呀，從來就
不靠天空的雲
來預測天氣！
我只相信最有科學
根據的資訊。
得意
售完
就是隔壁阿嬤的
關節痛！
每天早上打掃家門口的隔壁阿嬤，
總是會在下雨前感到膝蓋疼痛。
依我觀察多年的經驗
來判斷，準確率高達99%！
你們說，這是不是最有
科學根據的資訊啊？
該不會要
下雨了吧？
膝蓋又開始
刺痛了呢！
售完
暈倒...
隱隱作痛

哇哈哈
所以囉，會不會下雨妳相信我就對了…
售完
咚
哎呀！差一點就完蛋了呢！
東倒
西歪
你那是用來接雨水的嗎？
嗯…
嗯！打工之餘，我想測量一下降雨量，也想試著進行雨水成分檢驗實驗。
成分檢驗實驗？
對啊，在煮自來水的過程中讓我想到的。不是有很多人買礦泉水來喝嗎？
所以呢？
售完
刷啊啊啊

你想想看，無論是
礦泉水、自來水或山泉水，
所有水的來源皆為雨水。
點頭
地球表面的水受太陽熱能的
影響，以水蒸氣狀態升空後，
遇到低溫便會成為
小水滴，進而形成雲，
而雲中的水滴匯集到
一定的程度時，便會變成
雨而降下！
雲
雨
山
湖泊
水蒸氣
江
大海
之後，落在地面上的雨水匯集後
便會流入江河或大海，接著又再度經過
蒸發或透過植物的蒸散作用進行循環。
你不要
插嘴啦！
刷啊啊啊
請你講重點。
你是想瞭解雨水中是否有與礦泉水
或自來水不同的成分是吧？
嗯！

就像可以用磁鐵分離
摻雜在砂石中的鐵粉，
磁鐵
鐵粉
砂石
異物
雨水
營養成分
假如在可以免費取得的雨水中，
能夠萃取對人體有益的各種營養成分的話…
興奮
興奮
售完
錢從
天降
光靠兜售
雨水，我就
可以變成百
萬富翁了！
不要再作夢了，
在我們實驗室可以做的成分
檢驗實驗是有限的。
就算讓你美夢
成真，搞不好那時候
的你已經是白髮蒼蒼
的老爺爺了。
神奇的雨水
……！
你這是在
詛咒我啊？
發飆
惱羞成怒！
你很奇怪耶！
你就是見不得別人比你
聰明是吧？

我覺得你的主意
不錯啊，搞不好會有
新的發現呢！
沒…沒錯！
咬牙切齒
土元少爺。
煞車
喀啦
停頓
妳要用嗎？
你這是…
在關心我嗎？
幸福
反正我也
不需要了。

啊啊…
緊張
緊張
緊張
攔截
這種高級雨傘萬一搞丟了
會很麻煩的！
售完
遮
心怡，
妳就用我這一把雨傘吧，
就當我免費送給妳。
售完

隨便妳囉！
我要你的！
我怕小宇你把雨傘送給我，
你自己就會淋雨了嘛！
啊…言…
言之有理！
哈哈
售完
噗
嚕
嚕
嚕
小宇，
我先走囉！
沒錯…，心怡她…
喜歡的是士元…
我又何必多管閒事呢…

刷啊啊啊
范小宇，你的雨傘賣完了嗎？
不，你真是個幸運兒，剛好剩下最後一把。
遞
這樣好嗎？那你不就沒有雨傘可以撐了？
淋一點小雨…沒關係啦！
刷啊啊啊

實驗1　製作濕度計

濕度是指空氣中水蒸氣的含量，液態或固態的水不算在濕度中。「絕對濕度」指一定體積的空氣中含有的水蒸氣的質量，單位是「公克／立方公尺」。絕對濕度的最大限度是飽和狀態下的「最高濕度」。「相對濕度」是絕對濕度與最高濕度之間的比，用百分比（%）來表示；數值越大，表示空氣中水蒸氣含量越多。

舉例而言，假如現在的濕度是100%，則表示空氣中的水蒸氣含量達到最高濕度，而在此狀態下，水氣會凝結，便會變成微水滴或小冰晶。空氣中的最大水蒸氣含量，會隨著溫度的高低而有所改變，為了幫助大家更容易瞭解，我們就來試著製作濕度計吧！

$$\text{相對濕度（\%）} = \frac{\text{絶對濕度}}{\text{最高溼度}} \times 100\%$$

準備物品：玻璃紙、紙板（硬紙板或木板）、尺（15公分以上）、透明膠帶、迴紋針、大頭釘、50元銅板1枚、10元銅板1枚、細繩與縫衣針、噴霧器

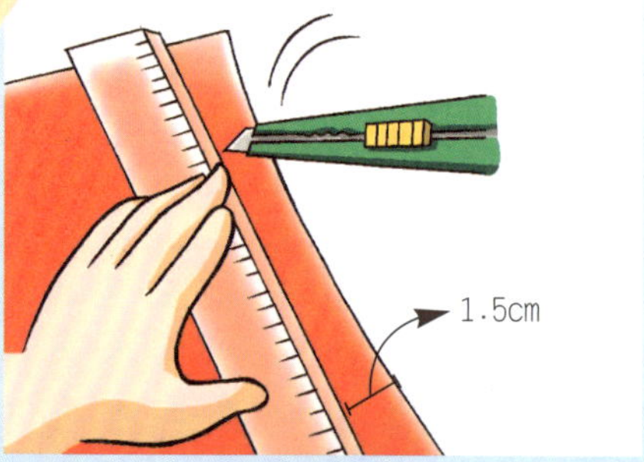

❶首先將玻璃紙切割成1.5公分的寬度。

❷將50元銅板與10元銅板以細繩綑綁後，再以透明膠帶固定。

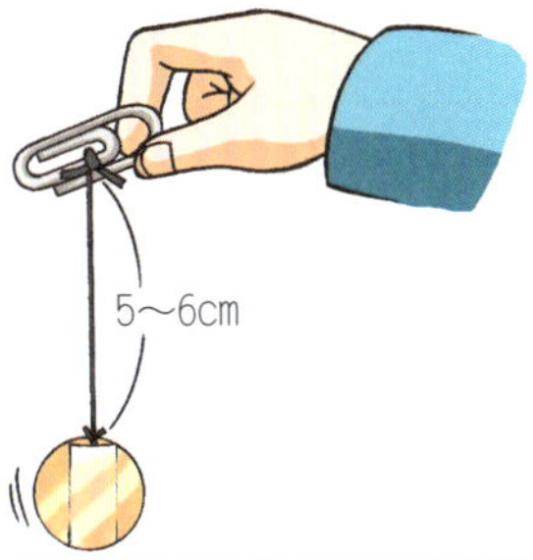

❸將綑綁銅板的細繩以間隔5～6公分的長度吊掛在迴紋針上。

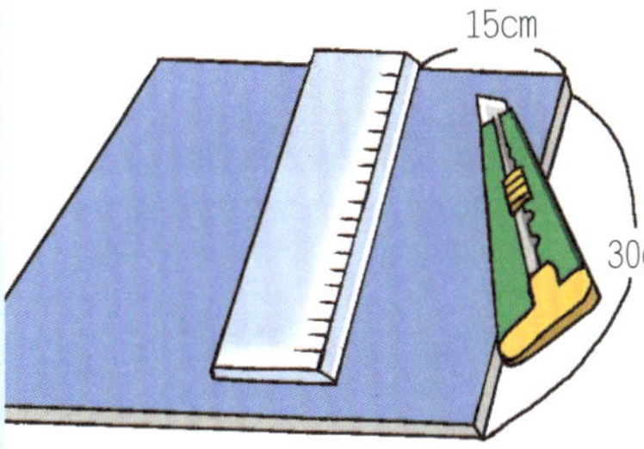

❹將紙板切割成寬15公分、長30公分的大小。

❺利用尺在紙板的左側畫上刻度，並在刻度上黏貼透明膠帶，以免遇水化開。

❻將切割成寬1.5公分的玻璃紙摺一半後，再將吊掛銅板的迴紋針置於摺疊處。

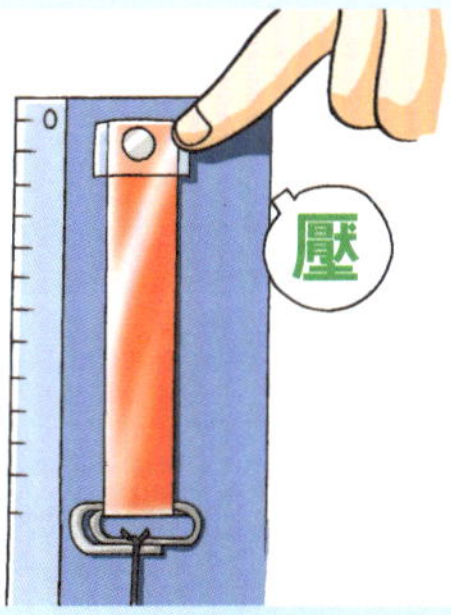

❼將玻璃紙的末端固定於紙板刻度的起始點，並以大頭釘與透明膠帶固定。

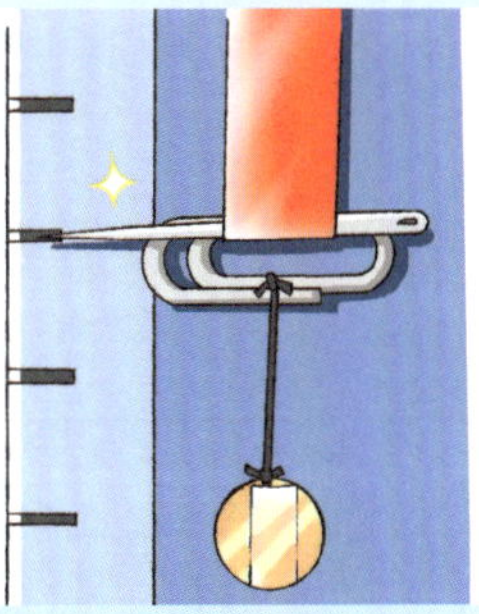

❽在插入玻璃紙的迴紋針上加裝縫衣針，以指示刻度。

❾當在玻璃紙周圍以噴霧器噴水使濕度上升時，會發現玻璃紙會往下垂，使濕度計的刻度產生變化。

這是什麼原理呢？

玻璃紙的特性是對空氣中的水蒸氣含量非常敏感。當濕度上升時，它會因吸收空氣中的水分而增長；相反的，當濕度降低時，則會失去水分而收縮，而濕度計就是利用對濕度敏感的物質所製成，例如用人的頭髮所製成的毛髮濕度計，就是其中之一。頭髮在濕度從0%上升至100%時，長度會增長2.5%，因此藉由其增長程度，我們便可以得知濕度。

除此之外，也有利用水的蒸發進一步獲知正確濕度的乾濕球濕度計、隨著時間可自動記錄濕度變化的自記式濕度計、藉由測量水氣的凝結溫度以取得濕度值的冷凝式露點濕度計，以及利用吸水性化學物質的吸附式濕度計等。

第二部 艾力克的決心

嚓…
呼呼…
實驗室
Excuse me.
喀啦
咚

打～嗝
現在就開始吧！
在哪裡咧…
翻閱
啊，找到了！
首先將雨水
以濾紙過濾…
濾紙
漏斗
燒杯
接著將覆蓋了
濾紙的漏斗放入
燒杯內，
之後將雨水…
觸碰
哈，
哈…
哈…
啾！
推

倒
不要啊，
我的雨水！
嘩
啦
啦
啊！
我的
老天爺！
哼~~
怎麼會這麼
不小心呢？
可憐哦！如果懂得
運用重力，就不會發生
這種結果了…
重力…？
石化…
是誰敢在
這裡幸災
樂禍？
重力這種
東西我也懂
好嗎！

Hi—.
艾力克？你怎麼會來這裡…
老師他人呢？我還以為他在這裡呢？
不理會
暴怒！
你來得正好！我正好有事要找你理論！
為什麼要騙我說你和心怡在交往？
啊，不對！
少在那裡裝蒜！你在家裡就可以見到他啦，你來這裡的目的明明就是為了要見心怡！
要見心怡還不簡單，去補習班就可以見到她啦！
有件事我想告訴你…
不要！我什麼都不想聽！
還有，上次是你不要聽的，不是我不願意告訴你。你還記得嗎？
愣住…
啊！他說的是《科學實驗王7》第203頁的對話…
我有急事要找老師商討呢，
可是找不到人，現在該怎麼辦呢…
呃，氣死我了！

喂，老師他去了洗手間，要不要等隨便你。
哼
是嗎？
哼…看來我又有得等了呢！
那你就乖乖坐著等他回來！記住，千萬不要吵我。
拖拖拖
Oh, Thank you
拉
啊！
砰咚

啊哈哈哈
敲敲敲
你若懂得運用重力，就不會跌下去啦！
還說什麼懂得運用重力就不會把水灑在地上？
可惡…
尷尬
原本打算要教你一個很簡單的實驗，我看還是算了…
簡單的實驗？
哈啊~
哈啊~
拍
拍
沒錯，在把水杯倒立的情況下，只要用一張紙就可以防止水流出的實驗。
把水杯倒立？
等等，看來你根本就搞不懂
我在跟你講的這個實驗是吧？
心虛
啊啊，你是說那個實驗啊？我當然懂！
鏘~
啊哈哈哈，我剛剛是跟你開玩笑的嘛！
緩步
前進

是嗎？
放
吃驚
嚇…？
剛好這裡有一些道具，你就讓我見識一下吧！
水杯和紙！
搔頭
搔頭
這下我該怎麼辦呢？
他這分明是要讓我出糗囉？
難道是把紙張揉成一團，然後塞進杯口裡？
還是把紙張放在地上，然後再把水杯倒著放？
啊！我好像在哪裡有看過…
你怎麼突然冒起冷汗了？
拿起
遞

呼…
不知
所措
這真的可行嗎？
倒著放，
裡面的水必定
會流出…
嘩啦
蓋
這下我真的
是糗大了…
好，
先試了再說吧！
壓住
盡可能將紙張
緊貼
於杯口
翻
把手放開…
放手
拜託！
緊張！

我…
我的天啊！
我成功了！
拜託…
呼…
看到沒？
看到沒？
這是連讀幼稚園的小朋友都會的實驗好嗎？
哈哈
不過我相信幼稚園生是無法解釋其原理的。小宇，你來解釋一下吧！
我…我現在很忙耶…
轉身
……
你知道心怡她…
豎耳！

最大的優點
就是不恥下問嗎？
我認為這比愛面子
來得更重要。
嚇…？
氣得
發抖
你這是在
指桑罵槐
嗎…
除非…
你有辦法說明！
摩拳
擦掌
雖然我極度不欣賞你現在的態度，
但就當作日行一善吧，聽好了。
我才不屑你的
態度咧！
悶氣
伸
地球上的所有物體都會
受到地球的吸引，這種由於
地球的吸引而使物體所受的力
叫做重力。
哼！
這我也知道！

會受到重力影響的物體，其中也包括空氣。
你是指這個空氣嗎？
空氣…也包括在內？
揮　揮
當空氣受到重力時，便會產生我們所稱的大氣壓力。
所謂大氣壓力是大氣的重量所產生的壓力，而我們人體在四面八方所受的壓力均維持在約1大氣壓。
大氣壓力
氣壓
氣壓
由於人體能夠適應這種大氣壓力，所以平時並不會感受到空氣的重量，但是在沒有重力的外太空，則需要穿上太空衣。
你的意思是，因為外太空並沒有這種壓力，
而已適應大氣壓力的人體，可能會產生某種程度的變化囉？
失壓脹破

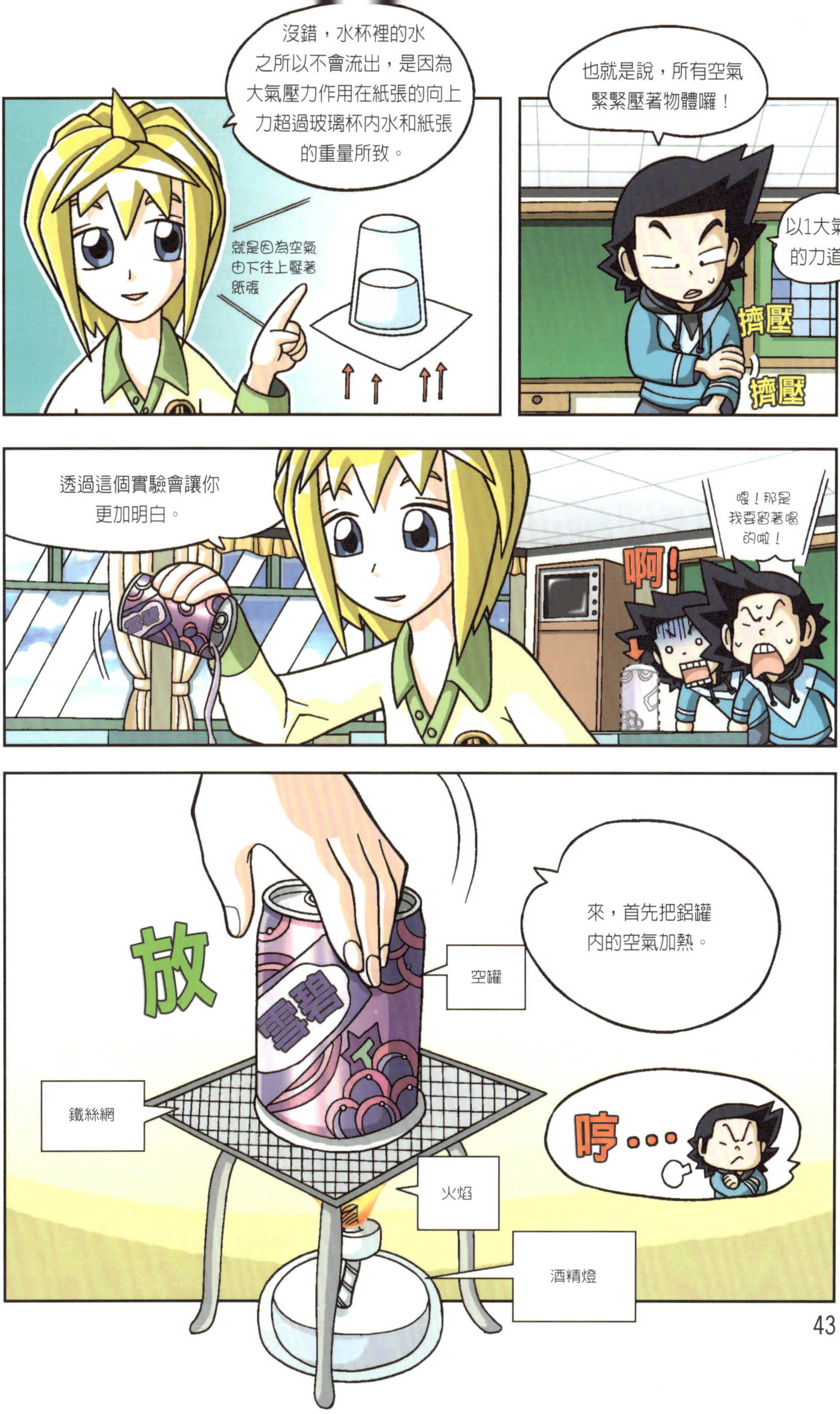
沒錯，水杯裡的水之所以不會流出，是因為大氣壓力作用在紙張的向上力超過玻璃杯內水和紙張的重量所致。
就是因為空氣由下往上壓著紙張
也就是說，所有空氣緊緊壓著物體囉！
以1大氣壓的力道。
擠壓
擠壓
透過這個實驗會讓你更加明白。
喂！那是我要留著喝的啦！
啊！
放
來，首先把鋁罐內的空氣加熱。
空罐
鐵絲網
哼…
火焰
酒精燈

當空氣溫度
因受熱而上升時，
其體積便會開始膨脹。
我想現在鋁罐內
的空氣正經由鋁罐口
往外洩。
空氣
戴
空氣的體積會隨著
溫度上升而膨脹？
加熱
加熱
此刻罐內所殘留的
空氣粒子，會比原來的
數量來得少。
蓋住
把鋁罐口封住，
拉起～
以防止鋁罐外的
空氣流回罐內。
雖然目前鋁罐內外的
氣壓是相等的，
夾起…

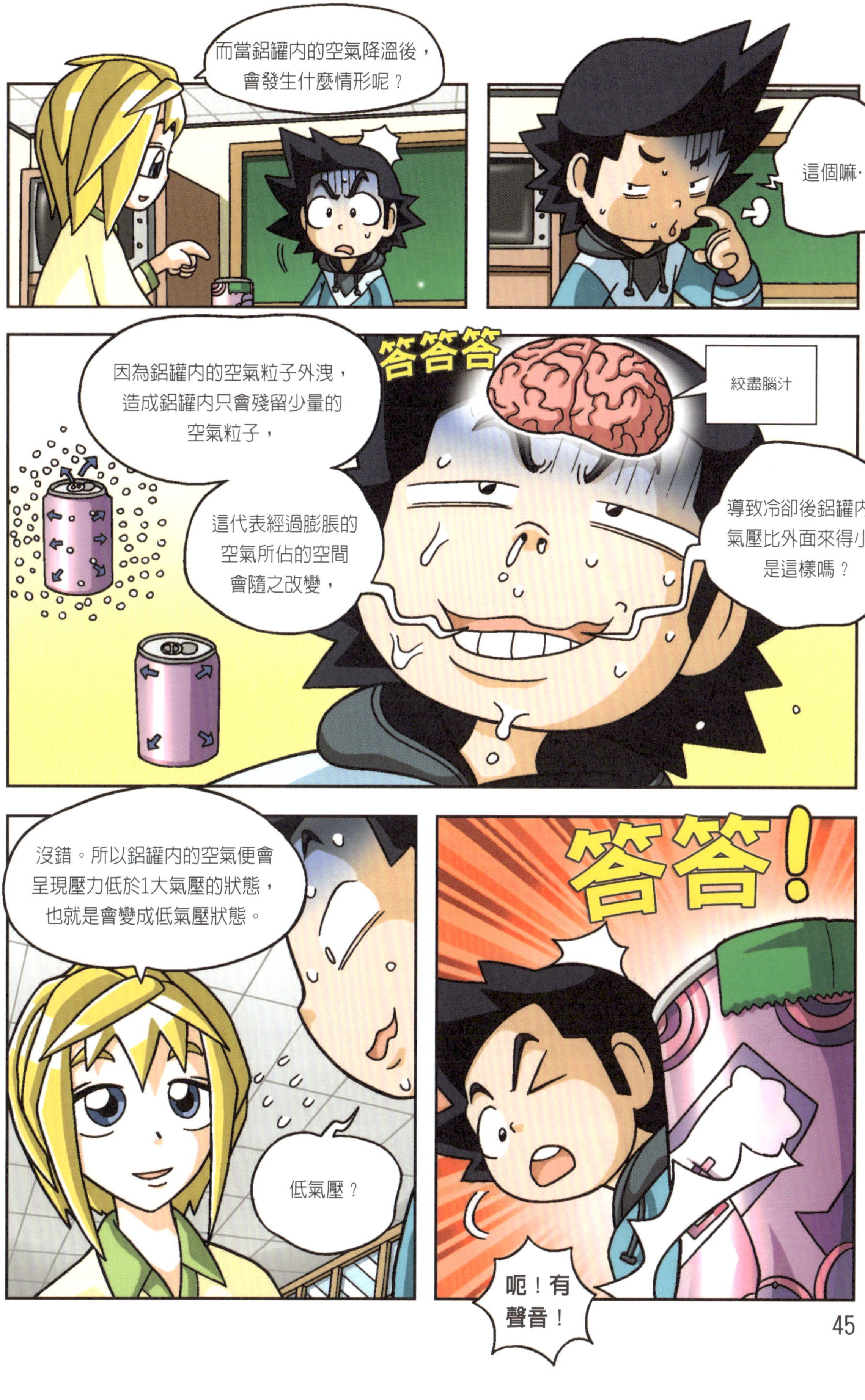

而當鋁罐內的空氣降溫後，會發生什麼情形呢？
這個嘛…
答答答
絞盡腦汁
因為鋁罐內的空氣粒子外洩，造成鋁罐內只會殘留少量的空氣粒子，
這代表經過膨脹的空氣所佔的空間會隨之改變，
導致冷卻後鋁罐內的氣壓比外面來得小，是這樣嗎？
沒錯。所以鋁罐內的空氣便會呈現壓力低於1大氣壓的狀態，也就是會變成低氣壓狀態。
低氣壓？
答答！
呃！有聲音！

鋁罐開始變形了！
沒錯。鋁罐之所以會變形，是因為罐內原本處於高溫的空氣在降溫的同時，壓力也跟著下降，導致氣壓相對較高的外部空氣向內擠壓所造成。
答答
低氣壓
高氣壓
簡單來說，空氣是由氣壓高處往低處移動，而風就是空氣在移動時所生成的。
颱風
咻咻咻咻咻…
龍捲風
嘩啊啊啊
熱呼呼
當氣壓差很大的時候，就會形成像颱風或龍捲風之類的強風。
照你這麼說，信風或冬季風暴也是因為氣壓差而形成的囉？
喀啦
啊，好燙！
沒錯，所有的風…

老師！
他該不會講到一半就要閃人了吧？
呼嗚…
嗯，是你啊！
你最近好像每天都早出晚歸哦，你怎麼會來這裡？
你是專程來找我的嗎？
嗯。
點頭
老師，你應該很清楚我會來這裡的真正原因吧？
就是為了要找回我的老師。
你就跟我一起回英國吧？

慢…慢著！你這是什麼話？你憑什麼要求柯有學老師跟你一起回去？
發飆！
或許你在這裡也可以找到教學的樂趣，
但只要你願意跟我一起回去，你就有機會可以成為全世界最優秀的指導者了。
……
所以…你就跟我一起回去吧！
艾力克，你還記得當初我離開英國時跟你講過的那句話嗎？
你為何要離開？我到底做錯了什麼？
沒有，艾力克。我只是想找一個需要我的地方落腳罷了。至於你，已經不再需要我了。
現在需要我的，是另外一群小朋友。

……
好，我早就料到
會是這個結果。
所以我也已經
答應了。
嗯？
我受到某人的邀請。
？！
他希望我能加入這次晉級
全國實驗大賽的實驗社。
吃驚
你是指其他
學校嗎？
嚇？
那…那…
從此以後，
你不就成了
我們的對手？
何止如此…

不僅是你們，這也是我和老師之間的對決。
因為我也將會兼任那所學校的實驗指導老師一職。
什麼…指導老師？
所以，我決定明天就搬離老師家。
原因是那裡位於不同學區，況且我也不想和對手住在一起。
艾力克…
別擔心。
我也只不過是想要去尋找一個需要我的地方罷了。
假如我打敗了老師，老師你就會明白一件事情。就是你讓自己浪費了多少寶貴的時光…
呼…
到時候…
正所謂青出於藍嘛！
好吧！

既然你的心意已決。
我們就在全國大賽
堂堂正正的較量
一下吧！
好吧！
拍
我們的勝率是你們
的一百倍耶，
實在是對你們
太不公平了！
你也太不自量力了吧？
噗…
呃…
好！有你的！
從此以後
我們就王
不見王！
怕你啊！
你要加油哦，
艾力克…
哼！
走著瞧吧！

坐立不安
妳來啦！
你等很久了吧？今天的校刊會議開得有一點久。
你找我有什麼事嗎？
啊！這…這個嘛…
驚慌失措

這…這個！
請過目！這是我第一次寫的告白信。
驚嚇
吃驚~
你這是在幹嘛？為什麼要拿給我？
請妳不要誤會，這封信是要送給我喜歡的人的。
在那之前，我希望妳幫我看看寫得好不好！
原…原來如此，嚇我一跳…
這就是你急著要見我的原因嗎？
呼~
點頭
點頭

好，我以專家的身分
幫你看一下好了。
我可以吃關東煮嗎？
當然可以！妳儘管吃！
閱讀
哼…
嗯…？
呃…！
嗯？？
呃？
怎麼？？
啊～
真是令人感動！這是我看過最棒的一封告白信！
完美的表達出你的心意和誠意！我覺得真的很棒！
真的？
太好了！妳這番話給了我莫大的信心。
謝謝妳，宥莉！
你太客氣了。
伸入

你還有一件事
得感謝我呢！
取出
就是全國實驗大賽的
比賽進行方式！
你應該沒有
這方面的資訊吧？
鏘！
secret note
哦!!
看來我今天
真的是走運
了呢！
我可以再吃嗎？
舉高
當…
當然！
拿
研究人員
老師
全國大賽的比賽主題是由科學實驗
研究人員與教育界相關人士來設定。
一般是在大會
開始的一個月前定案，
並且徹底保守祕密，
以免機密外洩。
寫！
寫！
寫寫
寫寫

比賽的進行方式是由四所學校分成兩支隊伍，分別在每天上午和下午各進行一場比賽。
比賽場地是體育館或禮堂之類的開放式空間，以供觀衆到場觀賽。
公開的比賽？
所以沒有比賽的那一天，你們也可以到場觀摩其他學校的比賽。相對的，其他學校的比賽隊伍也可以觀摩你們的比賽內容。
此外，現場也會有來自全國各地的教育界人士到場觀賽，而他們的目的是發掘特定項目的優秀人才。
真的…，全國大賽的氛圍果然不同凡響。
還有一件更令人興奮的事情。

屆時，現場也會聚集一群來自全國各地的採訪記者！
幸運的話，搞不好就可以見到我所仰慕的記者呢！
裴宥莉，妳該不會…
去過全國實驗大賽的現場嗎？
廢話。
你忘了我是太陽國小的廣播社成員嗎？我們學校的實驗社可是眾所矚目的焦點呢！
還有啊，我也可以邀請任何人到場參觀，到時候就邀請你的女朋友到場…
抽
臉紅～
不，不行！
如果小倩真的到場參觀，會讓我無法專注於實驗的！
哦…
停頓！！
天啊！
寫寫寫
哇，原來黎明國小實驗社何聰明喜歡的人就叫「小倩」啊…

我的天啊！
我竟然被妳給
套出來了！
懊惱
不已
閃亮
我問你，你喜歡的那個
女孩該不會…
就是全國跆拳道
冠軍林小倩吧？
巴巴
結結
嚓
心虛
不，不是！
真的不是！
哦呼！
果然沒錯！
轉
無奈
寫寫
又上當了…
到時候我會到場
採訪你們學校的，
後會有期。
妳絕對不可以
告訴別人哦！
你該擔心的人是那位老闆好不好？
你可不要低估了老闆的八卦功力哦！
吃驚

!!
虎視眈眈
!
?!
看什麼看？還不趕快付錢！
嚓
嚇！
她…她到底吃了多少支啊？
嗚嗚‥
妳這個無情無義的吸血鬼…
裴宥莉！妳等著瞧，君子報仇三年不晚。
又有八卦可以聊了…
改天見！
空蕩

改變世界的科學家～張衡

東漢科學家張衡(西元78年～139年)，今河南省南陽縣石橋鎮人，在東漢時期同時有好幾種身分，包括天文學家、數學家、發明家、地理學家、製圖學家、詩人，太史令等等。（太史令相當於現在的中央氣象局或天文台的長官。）

張衡在機械製作上也有不平凡的成就，以下就是最為人所知的三種儀器：

渾天儀　張衡主張的「渾天說」指出，天好像一個雞蛋殼，地好比雞蛋黃，天大地小，天地各乘氣而立，載水而浮。「渾天儀」就是根據「渾天說」製作出來的銅製儀器，裡面有幾層圓圈可以轉動，這幾層圓圈上面刻著日、月、和各種星辰。這個大銅球運用水的力量慢慢轉動，轉動一周的速度，跟地球自轉一周的速度一樣。從渾天儀上可以看出日月星辰是怎樣運動的。

候風儀　張衡發明的候風儀又稱為「相風銅鳥」，可以測定風向、風速，是風向標和風速表的雛形。候風儀的外形像一隻用銅鑄成的鳳凰，在空曠的地上立一根五丈長的竿子，裝上這隻可以轉動的銅鳥，便可以根據銅鳥轉動的方向來判別風向。除了測風向，還可以測量風速的快慢。

地動儀　張衡在西元132年發明了世界上第一架測定地震時間和方向的儀器，叫做「地動儀」。地動儀直徑8尺，樣子像個酒罈，外壁上倒掛著八條龍。每條龍的嘴裡都含有一顆銅球，每條龍下面蹲著一隻銅蟾蜍。八條龍的龍頭分別朝著東、西、南、北、東南、西南、西北、東北。哪個方向發生地震，龍嘴裡的銅珠就震落下來，正好落在正對著蟾蜍嘴裡。

一千八百多年前，張衡能夠製造出這樣構思巧妙、測量效果顯著、外形優美的儀器，實在令人佩服極了！張衡因此成為古代中國科學技術的一個精神領袖，為後世所敬仰。

博士的實驗室1

遇到煙霧或沙塵暴時的處置

第三部

最後一堂實驗課

好！
再拍一張！
賀！黎明國小晉級全國實驗大賽！
喀嚓
很好！
喀嚓
喀嚓
英
挺
好，
帥呆了！

來，下一位！
校長，我還有很多姿勢沒有擺出來耶！
您就幫我多拍幾張嘛！
光是你的個人照就已經拍30多張了！
布告欄
推
來來來，下一個換士元。
哇哈哈！
這可是提升本校知名度的最佳機會！
哇～
哇～
木訥
全國實驗大賽明天就要揭開序幕了！
喀嚓
喀嚓
喀嚓
只要這次好好表現，本校就有機會可以重拾往日的風采了！

一閃
這可是打廣告的最佳時機！
如果在第一場輸了，再多的廣告也就沒用了。您還是別期待太高好了。
嚇?!
你竟然講這種不吉利的話！
立刻向大家道歉！
勒住
我想聰明是在擔心比賽方式啦！
來自16個縣市的32支隊伍在晉級前四強前，只要輸一場比賽就會被淘汰。
賀！黎明
這一點我很清楚，
但這不表示我們在第一輪就會敗北啊！再說我們連對手是誰都還不清楚…
我們的第一輪對手是大海國小！
翻
連續3年晉級全國實驗大賽！
最佳成績是16強，實驗社的王牌是，
鄭安迪！
鄭…安迪？

沒錯，他可以比喻為大海國小的江士元。不過…
與士元不同之處…
輕聲
細語
就是他的個性比較好。
聽說他的社交能力很強，而且也很懂得巴結監考官哦！
輕聲
細語
是哦～
至於實際人格我就…
他的確是如此。
我在精英院遇見過他。
驚嚇
來，這次換柯有學老師！
所以，那又怎樣？實驗不是靠個性來完成的。
話是這麼說沒錯。
對！對！
嘿嘿
緊張
緊張
言之有理。

這次出賽的隊伍中，
沒有一支隊伍是我們能夠
輕敵的對手。
無論是在
初賽或決賽，
我們終究得
正面迎戰。
其中當然也包括…
加入他校實驗社的
艾力克。
嗯…
也就是說，我們
的比賽對手，
並非其中
一支隊伍，
而是參賽的
所有隊伍！
風雲變色

咻呼呼呼…
起風了呢…
像這樣把手舉高，
就可以感受風的方向
或強度。
咻呼呼呼
甚至也可以感受到太陽的力量哦！
太陽？
啊，這個
故事我也
聽過耶！
揮來揮去
風
太陽
有一天風和太陽
在打賭，看誰能夠「讓流
浪漢脫掉他的外套」，
風試著以強風吹掉外套，
但終究還是失敗，
而太陽則用高溫照射，
讓流浪漢自己脫掉外套！
咻咻咻咻
好熱
好熱
結果是太陽
贏得勝利。
我可是第一
次聽到呢！
對，這則童話
我也有聽過。

哈哈
風之所以會輸給太陽，我想或許是因為它是藉由太陽所生成的關係吧！
高氣壓
低氣壓
咦？風不是藉由氣壓差所產生的嗎？
你講的氣壓差就是藉由太陽熱能所產生的。
啊？
太陽…熱能？
點頭
沒錯，使鋁罐內呈現低氣壓的，
就是熱能！那是因為空氣受熱膨脹後流出鋁罐外所致。
當空氣受太陽熱能而升溫時，便會往上攀升，空出來的空間則由冷空氣來填補，這種流動現象稱為對流。
熱空氣
冷空氣
原來如此！
咻咻咻…
在成長的過程中…

你們隨時都有可能會
遇到風的侵襲。
咻咻咻咻咻
咚咚咚咚咚
有時候因為風勢太強，
也有可能會讓你捲入其中。
但是，有件事你們
千萬不可以忘記。
指向
就是…
你們心中的太陽！
！！
指…
只要你相信太陽，
即便是颱風吹襲，
你也依然能夠屹立不搖。
指…

只要記住這一點…
你們就可以坦然面對這次的全國實驗大賽了。
沒錯！
我們一定要振作起來！
鏘
好，向眾人展現我們的實力！
來來，孩子們！我們最後來拍一張團體照吧！全部集合。
好！

一、二，起司。
嚓

喀
賀！黎明國小晉級全國實驗大賽
嚓

科學補習班
國中班
高中升學班
什麼？
真的嗎？
嗯，
我也是今天才聽說。
怎麼
可能！
我們補習班…不對，
在全國補習班最帥的
艾力克老師，怎麼
可以辭職呢？
我無法置信。
好意外哦！
這是真的嗎？
七嘴
八舌
喀啦
鏘

今天的課程，是我個人最喜歡的實驗。
也是我每天必定會做的實驗之一。
首先，將100毫升的蒸餾水加熱，使水溫慢慢上升。
水溫只要保持在70～80°C即可。
放
之後，在這杯溫水裡，
倒入硫酸銅40公克，並攪拌均勻至完全溶解在水中。
倒入

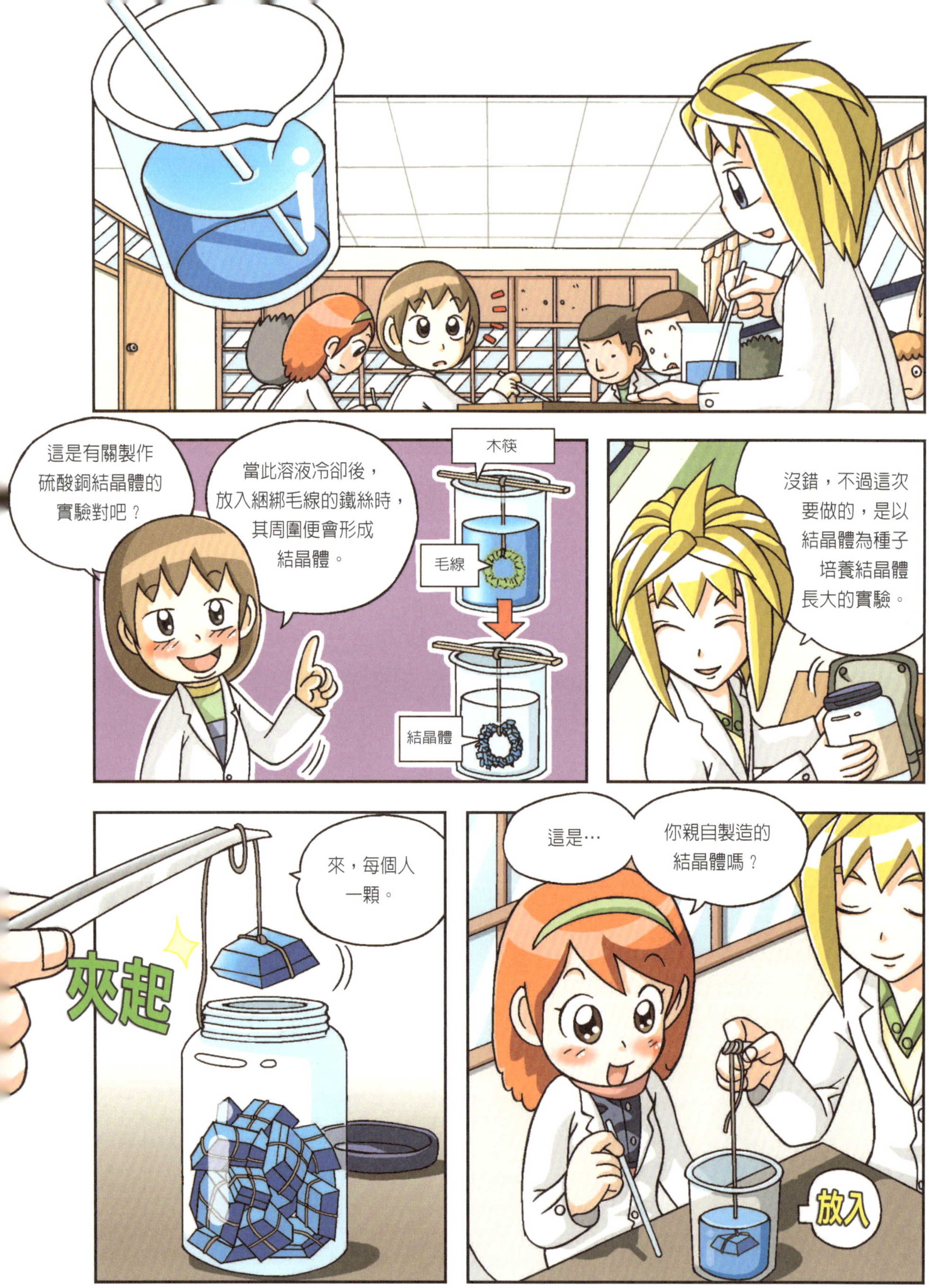
這是有關製作硫酸銅結晶體的實驗對吧？
當此溶液冷卻後，放入綑綁毛線的鐵絲時，其周圍便會形成結晶體。
木筷
毛線
結晶體
沒錯，不過這次要做的，是以結晶體為種子培養結晶體長大的實驗。
夾起
來，每個人一顆。
這是…
你親自製造的結晶體嗎？
放入

嗯，這是用跟剛才同樣的方法製得的硫酸銅溶液，
放進大型水槽後，經過幾天的蒸發所製得的硫酸銅結晶體。
而這些是其中比較大顆的。
我也曾經做過這個實驗，
不過艾力克所製作的結晶體真的是又大又漂亮呢！
嗯…
我幾乎每天都在培養結晶體。
由於結晶體的形狀取決於各原子的排列，因此隨著溶液種類的不同，所有結晶體的形狀也會隨之不同。
結晶體
原子排列
每當看著鑽石般閃閃發光的結晶體，我就會覺得世界真的非常美麗。

在數以萬計的結晶體中，我最喜歡的…
就是雪花。
雪結晶體！
雪花會依溫度與濕度製造出不同的結晶體，所以要找到相同形狀是很困難的事。
不過，它以六角形相連的各個面皆維持相同角度的共同點，會製造出美麗的形狀。
然而，由於它的結晶體會迅速融化，以致無法培養出結晶體！
融化…
因此顯得更美麗。
假如時間停止轉動，此時此刻就不會有太大的意義了。
所以我們才會懂得珍惜此時此刻。
因為隨著時間而流逝的與留存下來的，
兩者共同存在於這世界上，

就像今天
這最後一堂課。
啊！你真的要
離職了嗎？
嗯，但這不代表我在你們
面前永遠消失。
因為我的結晶體還會
陪伴著你們。
沮喪 沮喪
沮喪
請你們好好照顧它。
叮咚噹
科學補習班
精英班
高中升學班
心怡，我先
回去了。
好，再見。
哭泣
收拾

艾力克…，你沒事吧？
當然，我好得很。
嚓
今天這最後一堂課真是令人感動。
你果然是有一套。
嘆氣…
是嗎…？妳能體會它的含義嗎？
嗯？
我…
我這不過是抄襲某人的做法罷了。
茲茲
這話…怎麼說？
這就是柯有學老師為我上過的最後一堂課。
流失的與留存的…

不過，心怡…
呃…
呼呼…
我還是無法體會。
艾力克…
這…
喀啦
心怡。
呃！
瑞…瑞娜！

……
我有話要跟妳說…
現在嗎？
妳還有話要跟我說嗎？
艾力克！
……
瞪視…
我先走了。心怡，再見。
離去
緩步
啊…
……
妳還在生我的氣嗎？
砰
不，不是，妳別誤會…
這點我可以理解，畢竟是我傷害妳在先。
快別這麼說。

我今天來是想為妳加油打氣…
沒有其它的意思。
謝謝妳，瑞娜。
還有，也替我跟士元說一聲…
哭泣…
加…加油…
瑞娜！
嗚。
嗚
嗚…

百葉箱的祕密

百葉箱是一個內部放有氣象觀測儀器的小型木箱，之所以稱為百葉箱，是因為其結構是以雙層木板所組成的輻射防護結構，箱內的儀器包括溫度計、濕度計、最高及最低溫度計等。由於氣象觀測儀所觀測的結果，依陽光直接射入的強度及架設的高度而有所不同，因此必須架設在具備一定條件的環境，以利正確觀測氣候。有關百葉箱的架設條件，請參見以下說明。

百葉箱架設條件

❶百葉箱應架設於四周無障礙物的草地中央，以避免從四周物體或地面的反射輻射干擾到箱內儀器的準確性。

❷百葉箱底部與地面的高度應超過1公尺，而溫度計與濕度計的高度則以1.2～1.5公尺最為適宜，目的是為了配合一般正常人的活動高度。

❸百葉箱的內部與外部均應塗上一層白漆以反射陽光，四周則架設雙層木板，以避免雨水或雪滲入，或陽光照射，同時以利空氣流通。

❹箱門應朝向北側開，以避免日光直接射入箱內。

百葉箱內部的觀測器材

百葉箱內備有觀測現在的氣溫、當天的最高及最低溫度及濕度，並自動記錄的儀器。在箱內放置觀測儀器時，應與牆壁之間保持空間，以防止彼此的干擾；降雨或降雪後，應以乾布擦拭，以免水滴滲入儀器內部。

最高/最低溫度計 所謂最高溫度計，就是測定一天之中最高溫度的溫度計。這種溫度計的構造特性，是其球頸部非常細，當溫度升高時，它就會使水銀柱一直升高，但當溫度降低時，頸部的水銀會中斷，而留在水銀柱上的水銀不會降低，藉此即可測得一天之中最高的溫度。另外，所謂最低溫度計就是測定一天之中最低溫度的溫度計。

自記式溫度計 自動記錄一定期間內溫度變化過程的溫度計，隨著時間的經過，我們可以藉此得知溫度的變化。

通風乾濕計 將兩個水銀溫度計並排放置，使其中一個溫度計沾濕，即可透過與另外一個溫度計的溫差測定濕度。

自記式濕度計 最常使用於百葉箱的自記式濕度計為毛髮濕度計。利用毛髮會因吸收濕氣而膨脹的性質來測定濕度，同時會自動記錄隨著時間經過的濕度變化。

第四部

全國大賽揭開序幕！

孩子們，
我們來拍
一張團體
照吧！
賀
黎明國小晉級全國實驗大賽！

好！

科學補習班
國小精英班
賀 考上精英院
高中升學班
瑞娜，妳先喝一點東西。
謝謝妳…
妳有好一點嗎？
咕嚕
嗯，只是感到丟臉。
呼嗚…

心怡，我預計下禮拜
就要回去德國了。
回去德國？
怎麼會這麼
突然？
坐下
其實，當初我回來這裡時，
是跟我老爸談好一個條件。
我有信心可以
奪得冠軍！
承諾他只要
參加完實驗大賽，
我就會回去。
但是，竟然在
預賽遭到淘汰…
原來如此。
不過沒關係。
其實，實驗大賽
只是一個藉口
罷了。

坦白說…
我是因為很想見到士元。
我以為當我們再度相遇時，他會用以前那種友善的態度來對待我…
顯然是我異想天開。
瑞娜。
妳要想開一點！
我相信士元他並不怨恨妳！
你們只是還沒有找到對的相處之道。
300
P
妳還真善良。
嗯？
我知道妳非常喜歡士元。
驚慌失措
啊！我…
我只是…

請妳幫我拿給士元。
別再做假的實驗了！
我知道當初我要妳幫我送禮物給士元，或強迫妳做實驗時，妳一定非常痛恨我。
即便如此，妳依然會站在我的立場來體諒我。這一點是我絕對學不來的。
拿起…
來，收下吧！
這是什麼？
打開來看看！
啊…！
嚓
這是我在德國參加學校實驗大賽奪得冠軍時穿過的實驗服。
對我而言，可以說是一種幸運之物。

妳怎麼會
送給我…？
叭叭叭
參加全國實驗大賽以及
跟士元和好的這兩項心願，
我都沒有達成。
我可不想再次失去
像妳這樣的朋友。
瑞娜。
我只想藉此表達我的
最後一份心意。
妳不會拒絕吧？
當然！
這次參賽時，
我一定會穿在
身上的。
我希望那一件衣服可以
帶給妳幸運…
謝謝妳！

那我先走了，再見。
再見，瑞娜…

觀察
偷瞄
砰
何聰明！
你在這裡搞什麼東西啊？
上次我們約好要見面，
你為什麼連個影子
都沒有出現？
輕聲 細語
？

啊，抱歉。其實上次我人就在那裡…
石化
嘆氣…
當然也聽到了你和小倩的對話內容。
結巴
你聽到了？全部嗎？
結巴
是的。不過…
我是不會放棄的！因為我真的非常喜歡小倩！
氣…
請你幫我一個忙，請把這封信…
遞
不…不行！
搶！
所…所以…
這…這…
?
?

還…還是由我來
轉交給她好了…
真…真的？
謝謝你，
隊長！
我和小倩的未來，
就靠這一封信了！
真是一個笨蛋…
好…
那一切就
拜託你了，隊長。
顫抖…
感動落淚
不過，你的
純情和執著
倒是深深打動
了我的心。
沙沙沙沙沙
隊長！
驚
嚇
嚇！

啊…
小倩！
我練完了，
我先走啦！
藏
等！
等！
等一下！
嗯？
剛剛實驗社的
何聰明來過這裡…
我怎麼突然
感覺到一股
殺氣呢？
石化
所以呢？
超冷淡
他要我把這個
轉交給妳。
驚
！！
踢
接！
抓
撕開‥
抓

擊
踢！
喘…
喘…
喘…
喘…
喘…
這是他的心意，
妳就看一下嘛！
放

＊伽瑪射線：放射線的一種，由於物質穿透性極強，經常被用於探測或醫療用途。

嘩啦啦啦
第18屆全國實驗大賽
煞車
那裡就是
舉辦全國實驗大賽
的會場！
第18屆全國實驗
少爺請小心。
關
好。

發飆
喂，江士元！你就是愛耍大牌是不是？難道跟我們一起搭巴士會讓你長痔瘡嗎？
……
要你管，我可沒時間跟你在這裡哈拉！
轉身
全國大賽期間，我們要一起住在宿舍哦！日常用品都記得帶了嗎？
有！
當然囉！撐到大會結束都沒有問題呢！
拍
第一場比賽就要開始了，請大家動作快一點。
是！
嚓！
宿舍
嘩嘩
哇，好棒哦！
嘩嘩

我們是黎明國小。
好，我找到了。老師是102號房，三位男同學是307號房，女同學是502號房。
嘩嘩
嘩嘩
好，先把行李放好，我們再集合。
啊，是這裡！
呼～
嘩啦啦
拿起
瑞娜，我會加油。
同學們，往這一邊。
好！

請問你們是
黎明國小嗎？
啊，好緊張哦！
請跟我來。
緊張！
請在這一間
休息室稍候。
黎明國小
大海國小已經
在等候了。
好。
緊張！
10分鐘後比賽正式開始。
緊張！
緊張！
逃生口
呼～～
緊張！

好，繼今天上午的比賽，第二場比賽是由
大海國小對戰黎明國小。
黎明國小
與第一場比賽相同，這場比賽
也是由一位主監考官和兩位副監考官
進行公正的評分。
同時比賽過程將會
透過網路全程直播。
嗡嗡作響…
好，現在就請
兩所學校的選手們
進場！
哇
哇

喀啦
喀啦
哇啊
啊啊

閃爍
閃爍
哇，好多人哦！
閃爍
好，現在進場的是大海國小和黎明國小兩隊的參賽選手。
大海國小是連續三屆出賽全國實驗大賽的隊伍，而黎明國小則是初次參賽的隊伍。
不過黎明國小也有一位令人矚目的學生，就是⋯
耍寶
嗯?!

嘿嘿嘿，
你現在是在拍我嗎？
那要拍帥氣一點哦！
嘿
嘿
哇哈哈哈
我哪知。
他是
誰啊？
咻
沙沙
咻
滾，
滾開啦！
不愧是
黎明國小啊！
你這個
臭傢伙！
拍
啊！鏡頭捕捉到
江士元同學了。
據悉，他是成績
名列全國前茅的優秀學生，
而他最擅長的領域是化學。

我們一起來歡迎
這兩支隊伍！
咚！
哇
啊
啊
啊
啊
大海國小加油！

大家好。我相信兩隊已經看過全國大賽的比賽規則。
依照大會所訂定的主題，我們已將實驗所需器材放置在會場中央。在實驗過程中，選手們只能使用大會所提供的器具，
此外，超過比賽時間、犯規或抄襲對方都會被扣分。
他怎麼一直笑嘻嘻的？
他就是鄭安迪。
好，現在…
私語
掀開
就來宣布這一場比賽的主題。
比賽主題是「熱的傳播」。
熱的 傳播

熱的…
傳播！
好！剛剛大賽已經宣布了第二場比賽的主題！
熱的傳播！
熱的傳播方法應該有三種吧？
就是傳導、對流、輻射。其中傳導是透過物體的傳播，對流是透過空氣或水的傳播，
而輻射是指熱可以不透過介質自行傳導。
傳導
對流
輻射
這兩支隊伍到底會選擇哪一種方法呢？請大家拭目以待！
嗡嗡作響…

啊！看來大海國小似乎已經決定了呢！先選定實驗主題，對掌握比賽的節奏比較有利。
起身
沒錯，尤其是在時間和器材受限的情況下。
反觀黎明國小，看起來非常謹慎以對呢！
熱的傳播方法分很多種，以各種理論為基礎，
我們可以進行各式各樣的實驗。
但最重要的…
是找出我們想要發掘的是什麼，對吧？
咚

點頭
點頭
點頭
噠噠噠
咚
吵~
我要專心！
專心！
我們…
選擇
氣候如何？
氣候？
嗯。
為什麼呢？

因為熱會帶給雪或雨很大的影響啊！
沒錯！太陽熱能不僅可製造出氣壓差與風，同時使水蒸發，進而製造出雲和雨！
這就代表了天氣與熱有密不可分的關係啊！
風
太陽
水氣
雲
雨
嗯，而且能使那種天氣長時間呈現在一定區域的，也就是氣候。
極地
寒帶
乾燥
溫帶
熱帶
言之有理。
搔頭
不過…
由於氣候受到緯度、地形、海流等影響，在全球各地會呈現不同的氣候現象啊！在那麼多的氣候現象中，我們該選擇哪一種呢？

點頭
我懂了。
妳是希望針對我們國家的氣候進行實驗，對吧？
(冬季)北風
(夏季)南風
我們位於會隨著季節吹起不同風的季風氣候地區。
夏季會吹南風，而冬季則會吹北風。
我也懂了！因為那也是風，所以跟熱的傳播也有關連，對吧？
拍
這麼說，我們要進行的實驗是在熱的傳播中，
屬於對流的部分囉！

哇～
哇哇～
……
等得不耐煩…
……
哇！
……
加油！
起身
好，開始吧！

人造雲的製造方法

實驗報告書	
實驗主題	透過實驗，以肉眼確認雲的生成過程，同時可瞭解其原理。
準備物品	❶鐵製底座　❷鐵夾　❸圓形燒瓶　❹火柴　❺橡膠管 ❻2孔橡膠塞　❼注射器　❽溫度計　❾線香　❿玻璃管 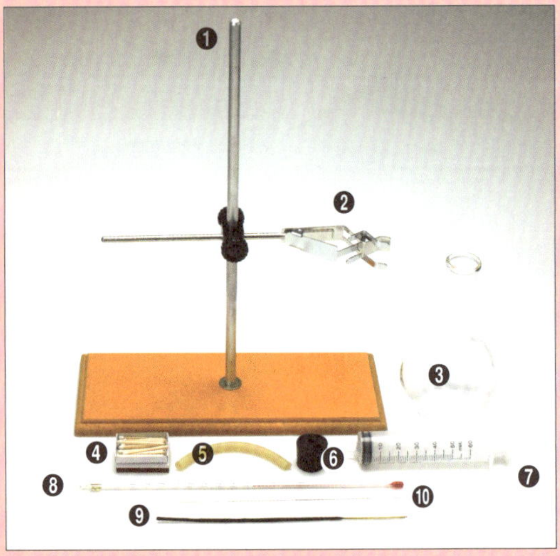
實驗預期	使空氣壓縮後再膨脹時，空氣中的水氣會凝結，進而生成雲。
注意事項	❶建議使用較小的圓形燒瓶，以及較大的注射器。 ❷若使空氣過度壓縮，可能會導致橡膠塞脫落，或圓形燒瓶破裂，請特別留意。 ❸由於燒瓶內所產生的雲會立即消失，請注意觀察。

實驗步驟

❶在圓形燒瓶內倒入少量的溫水，並利用夾具將燒瓶固定於鐵製底座。

❷將溫度計與玻璃管分別插入橡膠塞的兩側孔內，插入時應塗黃油以避免漏氣。

❸將橡膠管的兩側末端分別連接至玻璃管與注射器的入口。

❹點燃線香，使煙霧聚集在圓形燒瓶內部，並在煙霧消散前，將燒瓶口以❸的橡膠塞加以封住。

❺利用注射器將空氣注入燒瓶內部，使空氣壓縮後，隨即觀察燒瓶內部空氣和溫度的變化。

❻再利用注射器抽取燒瓶內部的空氣，使空氣膨脹後，隨即觀察燒瓶內部空氣和溫度的變化。

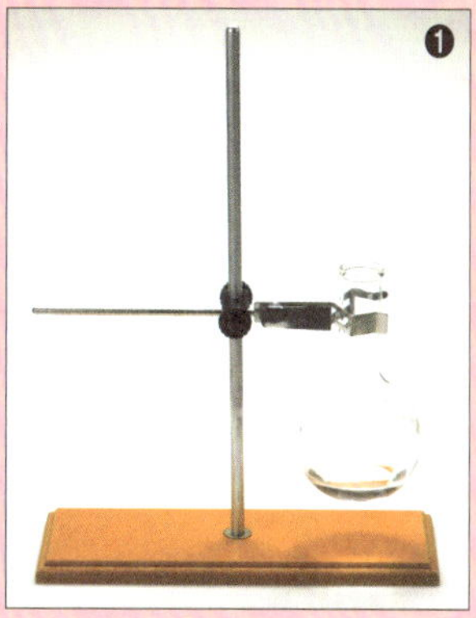

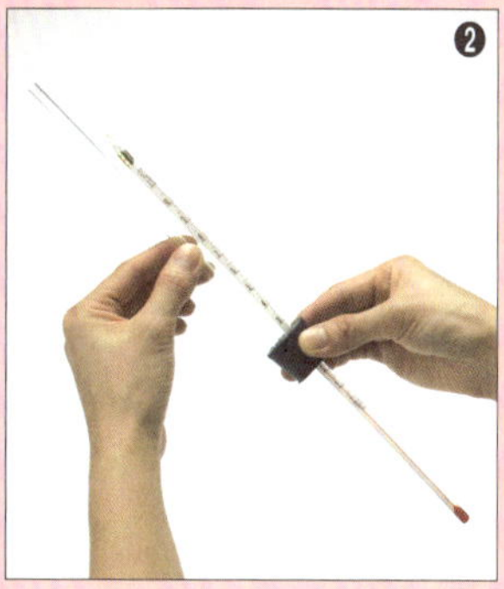

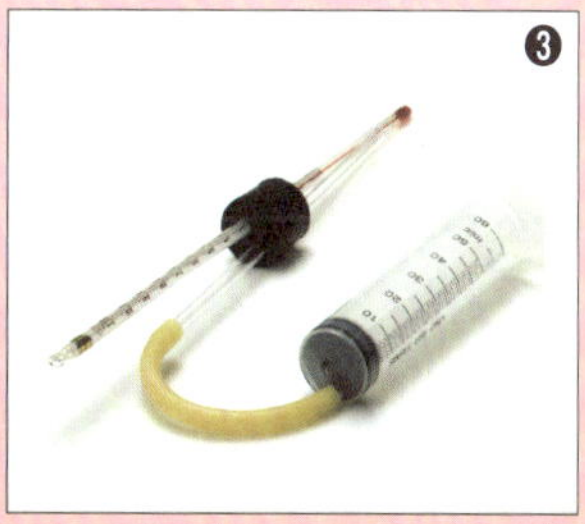

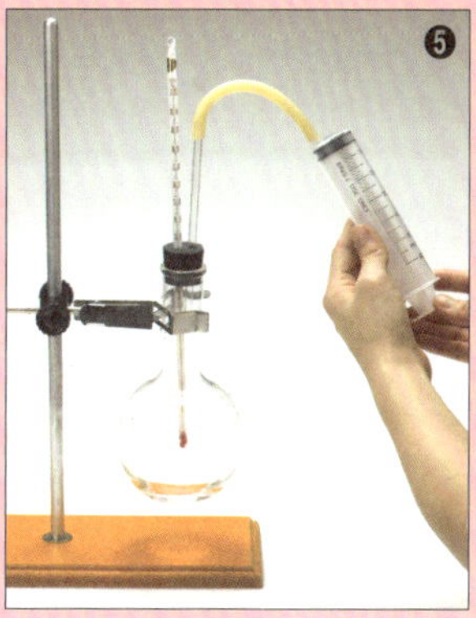

實驗結果

	溫度變化	燒瓶內的變化
❶使燒瓶內部的空氣壓縮時	22°C→22.8°C	無變化
❷使燒瓶內部的空氣膨脹時	22.5°C→21.9°C	會產生煙霧

這是什麼原理呢？

當空氣遇到低溫時，其「最高溼度」會逐漸降低，進而開始凝結。這種空氣狀態，我們稱之為飽和狀態，此時的溫度則稱之為「露點」。

當溫度下降至露點以下時，空氣會呈現飽和狀態，致使空氣中的水氣凝結成小水滴，而霧、雲或露水等均由此生成。高度越高時氣壓會越低，氣溫則隨之下降，等氣溫達到露點時，水氣會凝結，便會生成雲。

在大氣中，尤其是在水氣凝結時，如果沒有像鹽粒子或煙霧之類的凝結核時，便會呈現過飽和狀態，以致難以凝結。所以在進行實驗時，將線香的煙霧放入圓形燒瓶內，目的就是扮演凝結核的角色。

博士的實驗室2

梅雨季注意事項

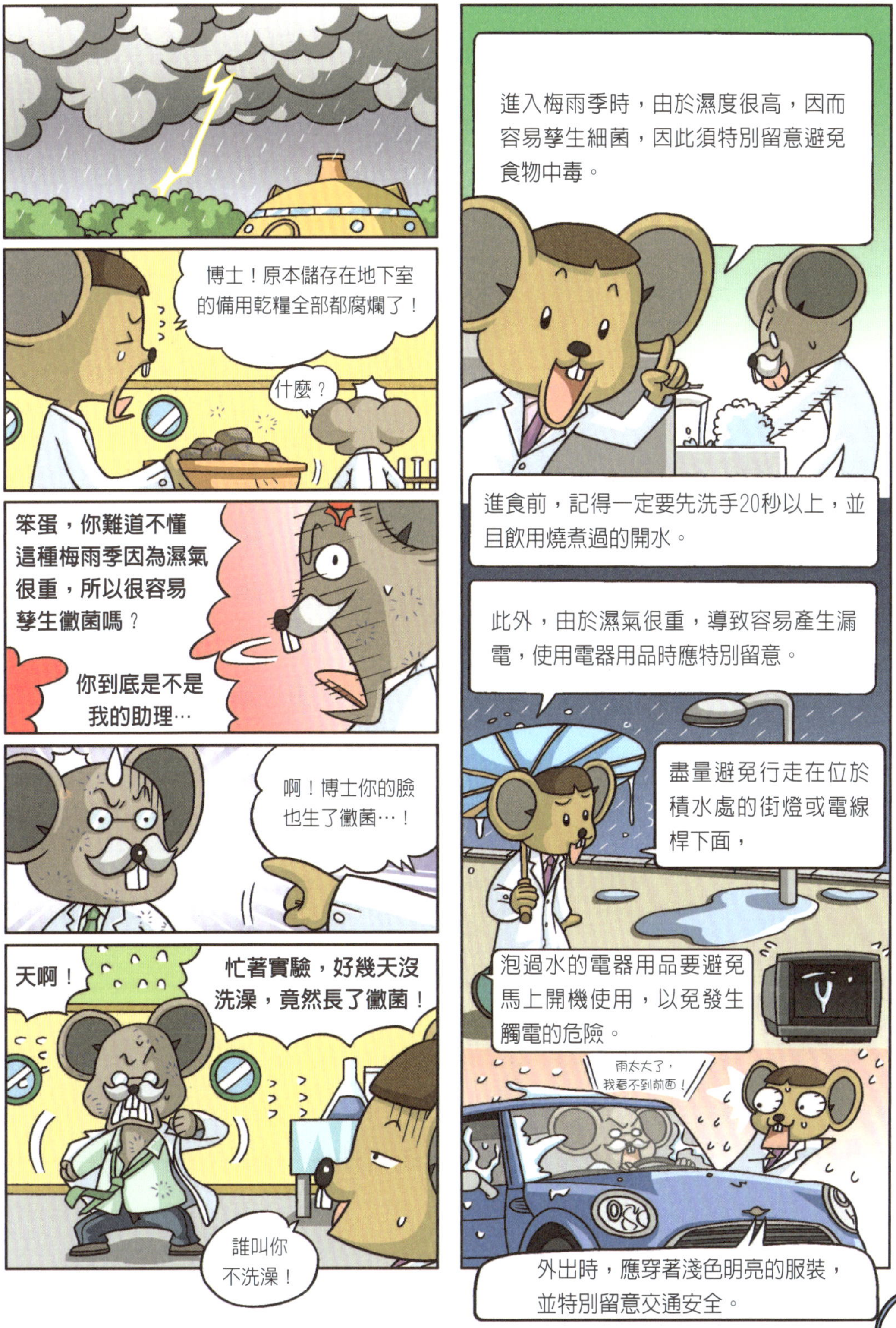

第五部

第一輪競賽

呃，雖然稍有延遲，黎明國小實驗社也開始準備器材了。
他們究竟會進行哪一種實驗呢？
看來大海國小已經準備就緒了呢！
啊，隱隱約約看到大海國小所準備的器材了。

保鮮膜
包括有白熾燈泡和
保鮮膜、燒杯。
另外也有計時器和尺，
還有那是…啊，
還有溫度計。
溫度計
白熾燈泡
尺
燒杯
計時器
依照器材來研判，
他們要進行的實驗
應該是關於時間與
溫度的變化。
是的！看來他們開始
要進行實驗了。
現在，我們就先來觀賞大海國小的實驗。
嗡嗡作響~~
大家應該還記得上次
我們做過的實驗吧？
記得！

熱是由高溫處往低溫處傳播。
這種熱沿著物體從高溫處往低溫處傳播的現象，就是傳導。
主要產生在固體物質。
傳導
另外，熱也會經由流體（氣體、液體）流動，受熱的流體會上升，
而相對較冷的流體則被受熱流體擠壓下降，這種現象就叫做對流。
對流
還有一種熱的傳播方法，就是輻射！
熱以波動的形態，不需經由任何物質即可直接傳播。
輻射
沒錯。輻射可使熱能在真空狀態下得以傳播，這也就是太陽熱能夠穿過宇宙空間，直接抵達地球的原因。
太陽
地球

此外，輻射
更有一種特徵！
就是溫度不會因輻射熱的
持續照射而無限上升。
否則地球的溫度
就會和太陽一樣了。
當溫度達到一定的程度時，
輻射能量的吸收量與釋放量
會達到一個平衡點，持續維持
其溫度，而這種狀態就叫做
輻射平衡。
實驗筆記
我們要做的實驗
就是輻射！藉由實驗來
呈現輻射的平衡狀態。
拿起
放
用這個地球！
點頭
點頭

地球，
咚
是由大氣層所包圍。
拉出
由於大氣是受地球重力吸引而環繞在地球四周，所以先把保鮮膜緊緊的包住燒杯口。
綁…
而這一個就是自行釋放輻射熱的
咚
太陽！
好，現在就把溫度計的底端穿過保鮮膜，放進燒杯內。
刺
停頓

怎…
怎麼可能…
溫度計
空…
溫度計
發怒
沒有！
沒有了！
怎麼啦？
我找不到
我們需要的
溫度計啊！
怎麼可能？主辦單位
應該有準備很多支溫度計
才對啊…
驚訝
真的嗎？
這麼說，就是他們？
溫度計

來，地球
準備好了。
金星也搞定了。
這是火星！
這是木星！
太陽
金星
地球
火星
木星
可惜無法完成
整個太陽系。
因為主辦單位就只有
準備四支溫度計嘛！
只好
將就一下囉！
火冒三丈

一群可惡的
傢伙！
竟然搶光了所有的
溫度計！
忍著！
小宇，
你不可以在
這裡鬧事啦！
發飆！
怎麼辦呢？我們要進行的
實驗也需要溫度計耶！
如果測不到溫度，
我們會被扣分的。
還是乾脆改做
另一種實驗…
我們已經沒有
多餘的時間了。
主題是
「熱的傳播」，
而溫度計則是
必備品！
這根本就是
他們的計謀！
我們不能
坐以待斃呀！
氣呼呼
……
呼…

現在就只差
溫度計了…，
怎麼辦呢？
……
這麼說來，
我們難逃被扣分的
命運囉！
大家不要
氣餒！
!!
俗話說山不轉
路轉，我們可以
找替代品啊！
替代品？
啊？你有
什麼好主意
嗎？
就是我這最敏感
的手指！
你們可不要小看我這
人體溫度計哦！
現在的溫度
是22°C。

小宇說得有道理，
我們可以做簡易溫度計！
啊！
簡易溫度計？
有道理？
溫度計是利用玻璃管內酒精
或水銀熱脹冷縮的原理製作的…
這…
這要怎麼
製作？
水沸騰的
溫度100°C
水結冰的
溫度0°C
溫度計
相同的原理，
在養樂多瓶內
倒入染成
紅色的酒精，
插入畫有刻度的
吸管後，
再以黏土封住
就可以了。
啊！
哈哈哈！
簡直是太簡
單了，這就
交給我吧！
這種小事
絕對難不倒
我的！
哈哈哈哈哈
好吧，我們去準備
其他的器材，而你
負責製作溫度計。
看
我的！
小宇，
麻煩你囉！

寫寫
動手吧！
呼！
黏土已經有了，
還有酒精、吸管！
雖然沒有墨水，不過應該可以用紅色白板筆的墨汁吧？
沒有養樂多瓶…
有了！可以用試管替代。
黏土
酒精
酒精
紅色白板筆
吸管
取出
哼！一群卑鄙的傢伙，你們等著瞧吧！
哼

好，開始前的溫度
已經測量好了。大家
準備好了嗎？
嚓
好了！
我們開始吧！
亮…
01：30
03：17
05：01
17°C
19°C
20°C

呵呵，大海國小的水準果然是名不虛傳。
不過！
斜視
呼…
嗚呼呼..
他們要做的實驗，我們學校也已經做過很多次了。
你說是不是啊，許大弘？
是的，那顆白熱燈泡在發亮的同時也會發熱。
這是關於熱的傳播中的輻射！
輻射熱會影響燒杯內的空氣，以致燒杯內的溫度會上升。
但是，當燒杯內的溫度上升到某一個程度時，便會停止上升。
沒…沒錯，因為從那個時候開始，燒杯也會釋放輻射熱。

是的，就如同太陽輻射能量
與地球輻射能量相同。
反射30%
地球輻射
70%
20
6
3
26
38
空氣
17
雲層
23
空氣
6
雲層
22
水的
蒸發
7
傳
導
15
50
由地球表面所吸收
太陽輻射能量的70%是由地球
表面所吸收，另外的30%則由
雲層與大氣反射。而地球則以
水的蒸發或傳導等方法，
將所吸收的能量加以釋放，
以便達到輻射平衡。
由於輻射熱受大量
的溫室氣體影響，
無法順利排放至地球
外圍，
而輻射平衡遭破壞
後所衍生的，就是
地球暖化現象。
輻射熱
當地球的溫度逐漸
攀升時，
南極和北極的
冰山會融化，導致
海平面上升，
進而帶來洪水
或乾旱等嚴重的
氣候異常。
海平面上升
洪水
乾旱
何止這些。
沒錯，在報告書中
進一步提及地球
暖化現象，或許可以
得到更高的分數。
我們做的實驗是藉由將燒杯放置於
不同的距離，以證明輻射平衡溫度
也會受到距離的影響。
現在就來看結果吧！
第一個燒杯的溫度是
23℃，第二個
是20℃，第三個
是21℃…

等等！
你說21°C？
停頓
啊！我們的學生
也開始進行實驗了！
他們就是黎明國小嗎？
我還是第一次聽到呢！
他們是首次晉級
全國實驗大賽的學校。
嘲笑
嘲笑
你們不覺得他們看起來
笨手笨腳的嗎？
哇哈哈哈
嗚吱吱吱
（完成！）
沒錯，沒錯！
尤其是那個頭髮
尖尖的傢伙！
看起來很像
猴子呢！
哈哈哈
吱吱

黎明國小
加油！
范小宇加油啊!!
大吼!!
校長
小宇~
哈啊~~
鏘~
我愛你哦！
他在耍什
麼寶啊？
你看他！
哇哈哈哈哈哈
我的人氣還真不是
蓋的呢！
嘩嘩
嘩嘩
白癡！

*對流箱：一種可觀察對流現象的實驗器材，其頂端開有兩個孔，正面設有透明板，以供觀察箱子內部。

鏘鏘！
范小宇牌
簡易溫度計！
紅筆
酒精
製作方法
是用紅色墨水
把酒精染成
紅色，
再倒入
試管內，
並將畫有
刻度的吸管插入
黏土，
再堵住試管口，
以防止空氣進入
試管內！
來，先測量
沙的溫度！
刻度7。
這次是測量
水的溫度…
嗯？
沒有太大的變化呢！
你這溫度計到底
管不管用啊？
吃驚
廢話！
唧哩
它的敏感度不可能
媲美真的溫度計。
況且沙與水的溫度和現在的
室溫也不會有很大的差異。
不過，一旦在
對流箱內受熱時，
就會產生變化。
亮

答答
答答
答答
啊，煙霧的方向
轉變了！這表示
開始起風了！
哇！
茲茲茲
真的耶！煙霧
從沙的那一邊
冒出來呢！
就是
現在！
打開箱子，
測量溫度。
呃！好！
按下
插

茲茲…
溫度上升了！
好！那水的溫度呢？
茲茲…
嗯？水的溫度明顯比較低呢！
別擔心，那才是正常的。
由於沙和水的比熱不同，所以即便受相同的熱，溫度也會不同。
比熱？
啊，所謂比熱…
是指將1公克的物質上升1℃所需要的熱量。
上升1℃需要10根火柴
上升1℃需要2根火柴
簡單來說，假設水的比熱為1時，則乾燥的沙的比熱為0.2，代表沙比水更容易變熱。

一頭霧水～
也就是說，因為比熱的關係，沙比較容易變熱，
而由於沙上方的空氣經膨脹後往上攀升，
沙
水
水上方的冷空氣移往沙上方的空間，進而產生風，是這樣嗎？
沒錯！那就是對流。
點頭
現在要觀察的，是關掉檯燈後的反應。
關
01:30
05:20
茲茲茲茲
08:10
15:00

啊，怎麼會這樣！
呼嗚嗚嗚
風的方向轉變了！
溫度計，溫度計！
啊，真的耶！沙的溫度很快就下降了，但水還是熱熱的。
那是因為水的散熱速度比沙來得慢。
沒錯，此刻水的溫度應該會比沙來得高。
寫
就如同我們的實驗，海邊的風向會隨著日夜而轉變。
太陽升起的日間，由於陸地比海面更容易受熱，所以風會從海上吹向陸地。
而太陽下山的晚間，由於陸地比海面更容易散熱，所以風會從陸地吹向海洋。

可是，這和氣候
有什麼關聯呢？
嘿…
你在夏天和冬天，
也可以發現類似的現象。
夏天
和冬天？
沒錯。夏天會受到來自於
海洋高溫多濕的氣團影響，
夏天
北太平洋
氣團
鄂霍次克海
氣團
而冬天則會受到來自於
陸地寒冷乾燥的氣團影響。
西伯利亞
氣團
冬天
像這樣，隨著季節的
變化會受不同風向影響的氣候，
就叫做季風氣候。
季風出現頻率
60%以上
季風出現頻率
40%以上
全世界會受季風
影響的地區不算少。
季風出現頻率
40%以下
哇，這表示我們
正在進行有關全世界
季風的實驗囉？

而且實驗非常成功！這一切都是多虧了你的溫度計！
所以我的功勞最大囉！
距離越近，達到輻射平衡的溫度要越高才對啊…
第二個燒杯的
度竟然比第三個
還低呢！
33°C
20°C
21°C
17°C
我們的實驗失敗了！
氣…
……
怎麼辦？安迪，報告書上要怎麼寫呢？
我們可以作假嗎？
你白癡啊！沒有看到攝影機嗎？這麼做遲早會穿幫的。

冷靜一點…
這不過是小小的失誤，
我們得先找出失敗的原因才行。
啊，你們看！第二個燒杯的…保鮮膜脫落了。這代表外部的空氣就是從這裡跑進去，
導致內部的溫度下降。
啊?!
天啊…沒想到我們竟然會犯這種失誤…
看來很難補救了呢！
嘆氣…
現在只能祈求對方的實驗水準低或失敗了！

咚
咚

哇~
哇~
哇~
雙方的實驗都結束了。現場的每一位觀眾，大家都看得非常的緊張。
全國大賽的比賽水準果然不同凡響！
哇
哇~
您有什麼看法呢？
我認為兩所學校皆以熱的傳播為主題，選擇了非常合適的實驗。
黎明國小和大海國小分別以對流和輻射進行了實驗。
不過，黎明國小在準備過程中似乎有了一點問題。
這一個鏡頭…
吃力
是黎明國小製作簡易溫度計的畫面。
我認為這個部分可能會被列為耽誤準備時間的扣分標準…

不過，還滿有趣的。
這是由於大海國小搶光了溫度計而衍生的事情。
完成!!
哇~
哇~
在準備器材方面或許會被扣分，
但這也使得實驗內容變得更加豐富，所以在這個部分應該也會得到一些加分才對。
緊張
緊張
緊張
啊，原來如此！
而真正的失誤則是發生在大海國小這一邊。
您看一下這個畫面。
喀嚓
我認為這對實驗結果應該造成了非常嚴重的影響。
喀嚓
我們把溫度計放大，
雖然是不足以被發現的失誤，
但第二個燒杯明顯出了問題。
緊張!
按..

哇~
鈴鈴鈴鈴鈴…
鈴鈴鈴鈴鈴…
哇啊~
嘩嘩
嘩嘩
嘩嘩
好的，比賽的計分方式，是主監考官的評分與兩位副監考官平均分數的加總，做為最終分數。
除此之外，所有在實驗過程中發生的扣分問題，也採用同樣的計分方式。
起身
啊！看來評分結果已經出爐了！

肅靜…
好，各位…
拿起
兩支隊伍的表現
都非常的精彩。
現在就來宣布
評分結果。
緊張！
緊張
緊張
緊張
緊張
緊張
緊張…

氣象台如何預測天氣？

所謂天氣預報，是指根據氣象圖所顯示的結果，分析隨時間的天氣變化，並預測未來氣象狀態的氣象報告。

最初的氣象觀測，是藉由對天氣較為敏感的農民或漁民的經驗來預測天氣；直到文藝復興時期，隨著近代科學的發達，溫度計、濕度計、氣壓計等氣象觀測儀器開始一一問世，並於1820年由德國的氣象學家布蘭德（也是物理學家），首次繪製標示氣壓與風向的地面天氣圖。19世紀末，由於通訊的發達，人類得以繪製出各種氣象圖，進而每日預報當天的天氣。近日，則利用氣象觀測衛星等尖端技術，有效提升天氣預報的精確度。

氣象觀測

指掌握氣壓、濕度、風速等大氣狀態，以觀測如雲、霧、雨等各種氣象現象的工作。

無線電高空測候器　意指攜帶氣壓計、溫度計、濕度計等高掛在大氣中的氣球或火箭。透過無線電發射機，將上層大氣的氣象狀態傳送至地面。

氣象雷達　原理是發射微波，當微波碰到雲層中的水滴後會反射回來，再以天線接收，以得知降雨地區與降雨強度。

地面觀測　透過百葉箱、風向風速計、自動氣象觀測等設置於地面的器材，以觀測氣象資訊。

海洋觀測　透過海洋氣象觀測船，觀測遠洋的氣象狀態。

衛星觀測　透過靜止氣象衛星或繞極軌道氣象衛星，在宇宙以即時方式觀測氣象狀態。

資料蒐集與繪製氣象圖

以網際網路、傳真、電話等蒐集國內外氣象資料，由超級電腦進行分析並繪製氣象圖。以下是代表天氣的各種符號：

天氣符號		雲				天氣					鋒面			
	風向 風速 雲	晴天	時雲	多雲	陰天	雨	陣雨	雪	霧	大雷雨	冷鋒	暖鋒	囚錮鋒	滯留鋒
		○	◑	◕	●	•	▽̇	⚹	≡	↯	▲▲▲	◠◠◠	▲◠▲◠	◠▼◠

發布天氣預報

由中央氣象局發布天氣預報時，以全國性天氣預報、區域性天氣預報、局部地區天氣預報等方式發布天氣概況，人們則可透過電視或收音機、報紙、電話、網路等媒介得知。

氣象預報　依時間的長短，可區分為短期預報（以每3小時或一天為單位）、中期預報（以一周為單位）及長期預報（以一個月以上或季節為單位）。

氣象特報　當氣象發生突如其來的變化或異常現象時特別發布的報導，例如大雨特報。

第六部

陷入危機

評分內容分為3個部分，
並分別以10為滿分。滿分為60分，
其中包含主審的30分，以及兩位
副審的評分平均後的30分。
首先是黎明國小所得的分數。
實驗內容部分，主審6分。
黎明國小
評分內容 主審 副審 副審
實驗內容 6 6 6
實驗態度
第1副審6分，
第2副審6分，
總計12分。
接下來是實驗態度部分。
嗶
黎明國小
評分內容 主審 副審 副審
實驗內容 6 6 6
實驗態度

主審的8分，加上第1副審的7分
和第2副審的6分平均6.5分，等於
14.5分。最後是實驗報告書部分，
主審6分，第1副審6分，
第2副審6分，總計12分。
坐立不安
對，沒錯。
我正在觀看。
黎明國小在滿分60分中
獲得了38.5分。
嘩嘩
嘩嘩

接下來宣布大海國小的分數。
緊張…
實驗內容部分，主審7分、第1副審7分，第2副審7分，
總計14分。
黎明國小
容 主審 副審 副審
大海國小
評分內容 主審 副審 副
實驗態度部分，主審5分，第1副審4分、第2副審4分，
總計9分。
呼…

實驗報告書部分，主審7分、
第1副審7分、第2副審8分，
總計14.5分。
因此總分是…
嘩嘩
嘩嘩
37.5分。
啪
黎明國小
38.5
大海國小
37.5
咚…

實驗內容部分，
是評鑑實驗的進行內容；
實驗態度部分，是評鑑
進行實驗的熟悉度；
而實驗報告書部分，
是評鑑實驗結果與相關的
各種思考能力。
兩所學校都辛苦了。
今天黎明國小與大海國小
的實驗對決…
咚
什麼？
這代表我們
贏了嗎？
對啦，
笨蛋！
是！
嘩～
38.5分比37.5分，
以非常接近的分數
哇～
由黎明國小
獲勝…
呃…？
等一下！

因總部的要求，
比賽結果的宣布
突然被中斷了。
發生了
什麼事呢？
……！
……
……？
嘿嘿嘿嘿
各位長官，我們
等不及啦，可以請你們
先宣布獲勝訊息嗎？
我…講錯
了嗎？
嚇！
吃驚

很抱歉，
基於某種問題，
大會先保留比賽結果。
!
?
什麼事啊？
什麼…？
會不會
是積分上
出了問題
呢？
什麼叫保留？
為什麼？
呃…

老師。
是。
？
起身
聽說主辦單位接到了一通檢舉電話。
檢舉電話？
是的，據檢舉者指出，黎明國小其中一位同學早已獲知今天的比賽主題。
嚇？
根據檢舉，
我們想確認一件事情，您同意嗎？
當然同意！誰怕誰啊！
冷靜一點！
是的，我同意。
點頭

繞過
妳就是心怡嗎？
咦？對！
我可以搜一下妳的
實驗服嗎？
搜實驗服？
手忙
腳亂
？
？
在…在這裡。

在內側口袋裡…
便條紙
咚

嚓…
第一輪比賽主題
熱的傳播
這張便條紙上寫有今天的實驗主題呢！
咦？
什麼？那是作弊的行為呀！
我的天啊！
怎麼可以這樣？
這是非常不道德的行為！
嗚～
嗚～
心怡！
噓聲
不…不可能的…！
恍神…
怎…怎麼會…

怎麼會…！
恍神…
這樣…
抓…
..??
點頭…
老師…
針對這件事情，我們需要
展開徹底的調查。
請您提供必要的協助。
點頭
好的。

來，心怡
同學，請妳
跟我來好嗎？
好…
心怡！
嗚…
請你們跟我來。
…
…
嗯…
緩步
慢行

意思是說，
他們那群人早就知道比賽主題囉？
這表示他們早已做了準備，應該也做過很多次練習！
那麼！
可能被取消參賽資格囉？
點頭
嗯…。
不過，我不喜歡這樣的結局。
點頭
這麼一來，我們就可以自動晉級囉！對吧，安迪？
七嘴
八舌
再次為剛剛的小插曲跟各位觀眾表示歉意。等一切調查工作結束後，我們便會馬上宣布今天的比賽結果。
嘩嘩
嘩嘩
今天的比賽就到此結束，謝謝。

嘩嘩
這…這到底是
怎麼回事呢？
看來黎明國小方面出現了
非常嚴重的問題呢！
嘩嘩
嘩嘩
嘩嘩
嘩嘩
是，雖然難以斷言，
但如果事情屬實，黎明
國小就會難逃被取消
參賽資格的命運。
點頭
被取消參賽資格會是一件
極為不光榮的事情呢！
……
等一切調查工作結束後，
我們便會馬上宣布
今天的比賽結果。
是的，這應該會對該隊伍
帶來莫大的打擊。
……
鈴鈴
驚嚇
鈴鈴
鈴鈴

喂？你好。
這應該是妳的傑作吧？
嗶嗶
嗶嗶
呼⋯
我說過了。逆我者，一定會付出代價。
轉身
沒錯，士元那傢伙應該也得到了教訓才對！誰叫他對我們不仁不義！
這一切都是他自己應得的報應，妳終於把他給搞垮了！

這是他自找的。
緊握
哈哈哈！恭喜妳，江瑞娜！
出口
哈哈
這下子妳可以開開心心回去德國了。
起身
你這麼希望我回去啊？恭喜什麼？再見！
搞什麼嘛！
嗡嗡～
女人真是善變的動物。
出口
哼…

出口→
喀啦
出口→
嘆氣…
喀啦啦
江士元！

心怡呢？
你有沒有看到她？
你也被問到
跟我們同樣的
問題嗎？
沒錯。
呃…
搖頭
搖頭
心怡她是如何得知
今天的比賽主題呢？
你沒有聽到什麼嗎？
看來這下子問題嚴重了，
我看心怡是凶多吉少了。
雖然有柯有學
老師陪著她，
但她一定會
感到不安的…
啊？

你這話
是什麼意思？
你該不會也認為
心怡作弊吧？
那麼，
我們
選擇氣候
如何？
不是，不過便條紙確實是在她的
實驗服中被發現的…
再加上今天的實驗內容
也是心怡所提議的嘛！
搞不好…
你給我住嘴！
小宇…
我警告你不要再
亂講話！
請你不要感情
用事好不好！
我也很想相信
啊，但現在我們
需要客觀的研判！

我先走了！
冷靜一點！
你說夠了沒有？
氣！
相不相信？
這很重要嗎？
江士元！連你也不相信心怡是不是？
停頓
即便我們做出客觀的判斷，又能改變些什麼呢？
啊？
咚
在比賽中作弊的行為，已經被轉播到全國各地了！
我們難逃被取消參賽資格的命運，而且這個不名譽的紀錄會永遠跟著我們一輩子！更別說以後可以參加任何實驗比賽！
…!!

我們需要做出
冷靜的判斷！
不！一定有辦法
解決問題的。
我不相信
心怡會作弊！
連你自己都不
願意相信了，要
怎麼解決問題？
事情已成定局了！
我們的實驗社
完蛋了！
你們給我
清醒一點！
該清醒
的是誰？
不要浪費時間了。
咻
咻
咻
咻
咻
咻
咻

咻呼呼呼
啊！
咻咻咻
咻
咳咳！

你們隨時都有可能
會遇到風的侵襲。
有的時候因為風勢太強，
也有可能會讓你捲入其中。
但是，有件事你們
千萬不可以忘記。就是…
你們心中的太陽！
咻咻
呼嗚嗚嗚

每當在做實驗時，我總是會感到興奮不已…
做實驗時，我不會想別的，
只會專注於實驗。
……
我非常喜歡做實驗。
這也就是我加入實驗社的原因。
生命是需要珍惜與維護的！
更何況我在做的是真正的實驗！
沒錯！心怡她做實驗的目的，並非在於勝負。
這麼熱愛實驗的心怡，是不可能會作弊的！
點頭…
沒錯！接下來我們要做的事情就有譜了！

就是相信
心怡的清白，找出
事情的真相！
這也是為了
我們實驗社的名譽！
嚓！
沒錯！
我們總不能在全國大賽的
第一場比賽，就以這種
不名譽的身分被取消
參賽資格吧？
啊！
全國大賽的
第一場比賽？
你得小心這次
全國大賽的第
一場比賽！
該不會！
尋找
我的天啊！
這時候你還有
心情看簡訊啊？
嗶
悶～

咚！
某個神祕人物，已經暗示過我會發生這種事情了！
你得小心這次全國大賽的第一場比賽！
嚇？
是真的耶！
是誰？到底是誰？我們得找出這個人查明真相才行！
可是無法辨識發信者啊！
士元，你認為會是誰呢？
看來我得扮演柯南了呢！
會是誰呢？會傳送這種警告訊息的人…這是我離開精英院時收到的簡訊…

哈哈
後會有期，江士元。
這是我的。
這裡可不是黎明國小的實驗社哦！
我會拭目以待的，江士元。
啊，我沒事。
哈哈
你的身體好一點了嗎？
我應該在當初收到簡訊時看一下才對！
幸會，江士元。
抓…

我們去
找出來吧！
緊握
結合我們大家的
力量去找出來。
好！我會運用
我蒐集資訊的能力。
點頭
疊

好！我們絕對不可以捲入這一場風暴中！
因為我們的心中有一顆太陽！

什麼是天氣？

天氣是指某一地區在短時期內所呈現的氣象現象。

會隨著地形或海流等各種因素而有所不同，但影響天氣變化最大的因素是太陽、空氣與水。

太陽

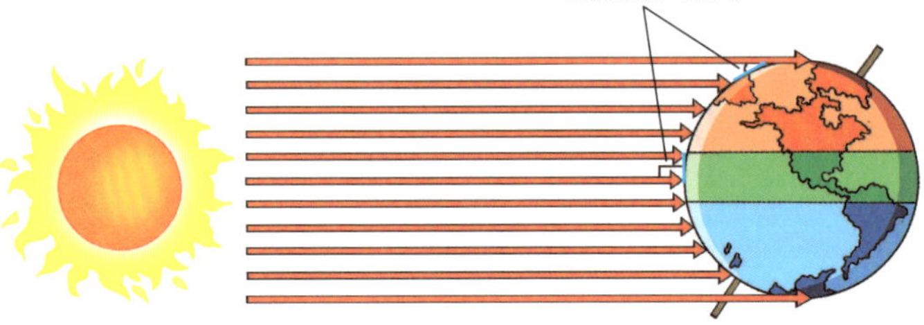

熱帶地方與極地的陽光入射角度差異

離地球1億4千9百60萬公里的太陽，其表面溫度高達6000℃，並散發出光和熱。太陽的光和熱，是最直接影響地球天氣的兩大要素。當包圍地球的大氣與海洋受到太陽熱能而變熱時，便會往各方向移動，製造出風與海流，在此過程中，空氣中的水氣則會製造出雲，再以降雨或降雪等方式回到地表。

太陽對氣候也會造成莫大的影響，地表與陽光的角度呈近90度的赤道地區，由於可吸收大量的太陽熱能，因而長年為熱帶氣候，越往極區則陽光的角度越低，因而呈現長年寒冷的氣候。

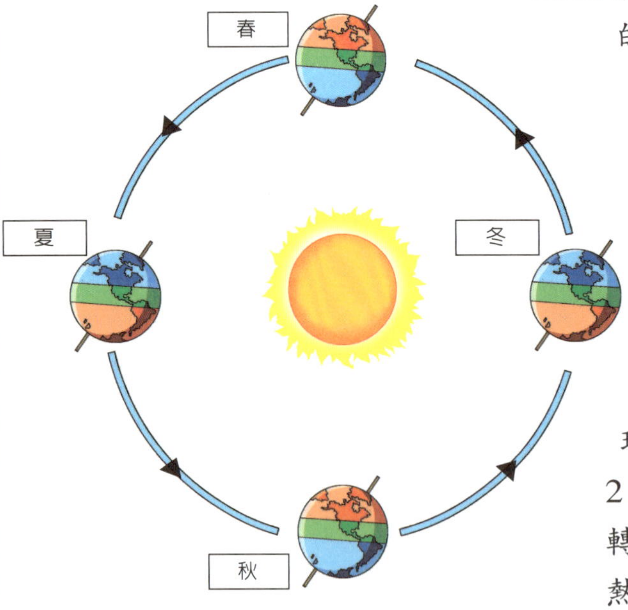

北半球依太陽高度的季節變化

此外，溫帶氣候所以會產生春、夏、秋、冬等四季，其原因在於地球的自轉軸向軌道面傾斜23.5度狀態而繞著太陽旋轉，使每一個季節接受太陽熱能的角度與時間也隨之不同所致。

空氣

空氣受到重力的影響所製造的壓力，我們稱之為大氣壓力或氣壓，會隨著高度而改變。當溫暖的空氣沿著上升氣流攀升時，它的氣壓便會比四周來得低，因而成為低氣壓；當冷空氣隨著下降氣流下降時，它的氣壓便會比四周來得高，因而成為高氣壓。地面空氣由高氣壓往低氣壓移動，進而產生風，而當氣壓差越大時，風的速度也會變快。

氣團與鋒面　氣團是指在地上分布範圍達數萬平方公里以上的空氣，依所形成的地區，可分為暖氣團與冷氣團；而當兩種性質不同的氣團相遇時，在兩個氣團與地表之間就會形成一道鋒面。

冷鋒
主要是指冷氣團主動向暖氣團推進，並取代暖氣團原有位置所形成的鋒面。暖空氣在上升過程中，大氣逐漸冷卻，如果暖氣團中含有大量的水分，就會形成降雨的天氣；如果水氣含量較少，便形成多雲的天氣。

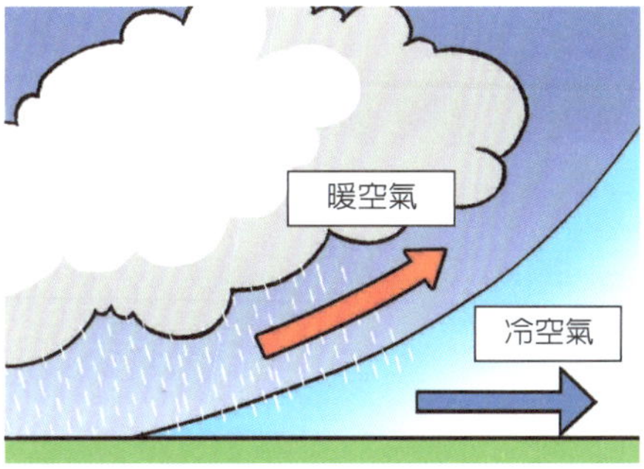

暖鋒
暖氣團主動向冷氣團推進，並取代冷氣團原有位置所形成的鋒面，稱之為暖鋒。由於暖氣團的密度較小，所以會爬升到冷氣團的上方，導致大氣凝結成雲或雨。因為暖鋒移動的速度比冷鋒來得慢，因此可能會連續幾天降雨或起霧。

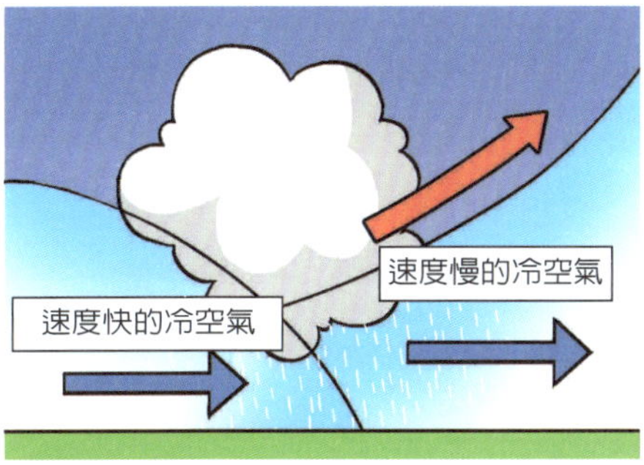

囚錮鋒
是由二條鋒面合併而成，速度快的冷鋒追趕上速度慢的暖鋒時，最後冷鋒與暖鋒相疊，便會形成囚錮鋒。此後鋒面系統將失去威力。

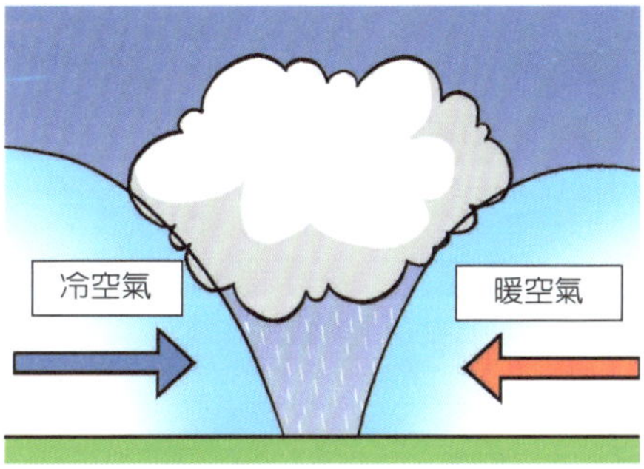

滯留鋒
有時因冷、暖氣團實力相當，而沒有一方有足夠的力量使另一方移動時，兩個氣團便會僵持不下，這時形成的鋒面便稱為滯留鋒。會有一段多雨時期，稱為梅雨季。

水

地球表面的水，會藉由太陽熱能與風，每天蒸發約150兆公升，並以水蒸氣的形態散布在大氣中。大氣中的水，則會隨著氣溫的上升而逐漸攀升至天空；而當氣溫下降時，則在大氣中分離，並以水滴形態凝聚。這些水氣會凝聚於鹽或灰塵等凝結核上，先變成小水滴，進而變成雲。當雲中的水滴逐漸變大時，便會降落至地面，此時它會隨著氣溫或大氣狀態以各種形態呈現。

露　為空氣中的水氣，附著在冰冷的草木或其他物體上，而凝結成小水滴的現象。

霧　是在地表附近生成的一種雲，一般在霧中的能見度小於1公里。

冰雹　是大的水滴突然遇到冷空氣結冰後，經碰撞擠壓成球形而降落至地面的冰塊。

雨　是大氣中的水氣在高處遇到冷空氣後，以沒有結冰的狀態降落的水滴。

雪　是雲中的水氣遇到冷空氣結冰後，所生成的結晶體而降落至地面。

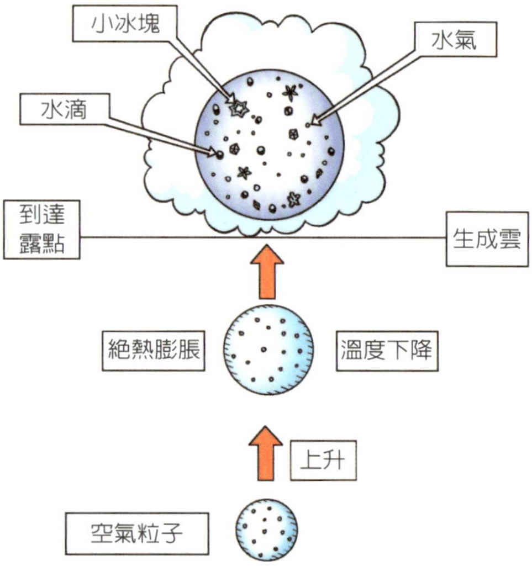

空氣的上升與雲的生成

什麼是氣候？

所謂氣候，是指整個地球或某一地區一年或一段時期，天氣狀況的長期平均狀態，會根據緯度、高度、地形、洋流等因素而不同。過去氣候以數十年至數百年不等的周期緩慢進行變化，然而現在，由於環境污染及二氧化碳排放量增加等人為現象影響，導致最近氣候變化的速度極為快速。

氣候的區分

熱帶氣候　年平均溫度高於21℃以上，最冷時的平均溫度維持18℃以上的氣候，年平均氣溫的變化不大。長年處於夏季氣候，主要分布於赤道周圍。大體來說，年降雨量多，並且區分為熱帶雨林氣候、熱帶季風氣候、熱帶乾濕季氣候等。

乾燥氣候　陽光強烈且因大氣中水氣含量少而呈現乾燥的氣候。屬於此類氣候的地區，多半為沙子與乾土所覆蓋，因而植物非常罕見。主要分布於南、北回歸線附近，以及離海洋較遠的大陸內部，並區分為沙漠氣候與草原氣候。

溫帶氣候　氣溫隨著四季而變化最為明顯的氣候。溫帶地區不僅是最適合人類居住的地方，也是夏天與冬天的氣溫差最大的地方。依地形、位置、緯度呈現溫帶濕潤氣候、溫帶大陸型氣候、溫帶海洋性氣候及地中海型氣候。

寒帶氣候　長年平均溫度低於10℃以下的地區，在樹木不會生長的平地常見小草與花朵。此類氣候主要呈現於兩極地區，在局部的高山地區也可以看到。由於無法從事農耕，因而人口密度非常低，並區分為苔原氣候與冰冠氣候。

高地氣候　指高海拔地區的氣候，植被依高度呈垂直分布。低海拔地區、中海拔地區及高海拔地區分別形成熱帶雨林地帶、冷帶林地帶及凍土地帶，而海拔最高處則猶如極地般長年被冰雪覆蓋。

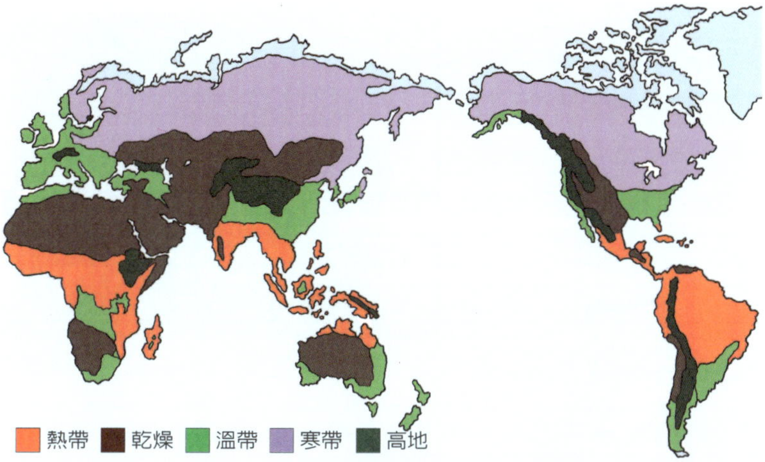

世界氣候地圖

●國家圖書館出版品預行編目資料

科學實驗王9/Gomdori co. 文；Hong Jong-Hyun 圖；徐月珠譯. --初版. --台北市：三采文化 2010.3
面； 公分. -- （漫畫科學先修班：09 ）
ISBN 978-986-229-235-8 （平裝）

1.科學實驗 2.漫畫
301.3 97022004

suncolor 三采出版集團

漫畫科學先修班 9

科學實驗王 9 天氣與氣候

原作者	Gomdori co.
原繪者	Hong Jong-Hyun
譯者	徐月珠
審訂	鄭永銘
責任編輯	蔡依如
美術編輯	曾瓊慧
封面設計	張淑玲
發行人	張輝明
總編輯	曾雅青
發行所	三采文化股份有限公司
地址	台北市內湖區瑞光路513巷33號8樓
傳訊	TEL：8797-1234 FAX：8797-1688
網址	www.suncolor.com.tw
郵政劃撥	帳號：14319060 戶名：三采文化股份有限公司
初版發行	2010年3月3日
23刷	2017年12月15日
定價	NT$280

내일은 실험왕 9 : 날씨의 대결